Sammlung Außerdeutscher Strafgesetzbücher

Herausgegeben
vom
Institut für ausländisches und internationales Strafrecht
Universität Freiburg/Br.

LXI.

Das Brasilianische Strafgesetzbuch

Berlin 1953

Walter de Gruyter & Co.

vormals G. J. Göschen'sche Verlagshandlung · J. Guttentag, Verlagsbuchhandlung · Georg Reimer · Karl J. Trübner · Veit & Comp.

Das
Brasilianische Strafgesetzbuch

vom 7. Dezember 1940

Mit Einleitung versehen und übersetzt von

Professor

Dr. Dietrich Lang-Hinrichsen

Freiburg i. Br.

Gedruckt mit Unterstützung der Gesellschaft für Rechtsvergleichung

Berlin 1953

Walter de Gruyter & Co.

vormals G. J. Göschen'sche Verlagshandlung · J. Guttentag, Verlagsbuchhandlung · Georg Reimer · Karl J. Trübner · Veit & Comp.

Archiv-Nr. 246353 / 61
Satz und Druck: Thormann & Goetsch · Berlin SW 61

Inhaltsverzeichnis

Einleitung

In der Entwicklung des Strafrechts Brasiliens[1]) zeichnen sich vier Abschnitte ab[2]). Die erste Periode reicht bis zum Jahre 1831, die zweite von 1831 bis 1891, die dritte von 1891 bis 1942, die vierte umfaßt den Zeitraum seit 1942.

Das älteste Strafrecht in Brasilien, das der eingeborenen Indianerstämme, über welches mehrere wissenschaftliche Untersuchungen vorliegen[3]), wurde, nachdem Brasilien portugiesische Kolonie geworden war, im Laufe der Zeit durch das Strafrecht des Mutterlandes abgelöst. Seit dem Beginn des 17. Jahrhunderts galten auch in Brasilien die 1603 erlassenen Ordenações Filipinas, die im Buch V in 143 Titeln Verbrechen, Strafen und Strafverfahren behandeln. Sie spiegeln deutlich den Geist der Zeit mit ihrer Vermengung von Recht, Moral und Religion wider. In der reichlichen Androhung der Todesstrafe in verschiedenen Vollzugsarten, in den Verstümmelungsstrafen, Prügelstrafe und infamierenden Strafen usw. kommt der Gedanke der Abschreckung zum Ausdruck. Der richterlichen Willkür war weiter Spielraum gelassen. Ungleichheit vor dem Gesetz, Erstreckung der Infamie und damit der strafrechtlichen Verantwortung auf die Abkömmlinge des Täters sind weitere charakteristische Merkmale dieser Strafgesetzgebung. Im Strafverfahren war die Folter vorgesehen. Erst im 18. Jahrhundert kam es unter dem Einfluß der Ideen der Aufklärungszeit zu einer Humanisierung der Strafrechtspflege, die sich teils im Wege der Gerichtspraxis, teils der Gesetzgebung vollzog. Durch Gesetz vom 5. März 1790 wurde anerkannt, daß die Folter außer Geltung gekommen sei, und durch Decreto vom 12. Dezember 1801 wurde die Todesstrafe auf schwerste, grausam ausgeführte Verbrechen beschränkt.

Diese Gesetzgebung galt zunächst noch weiter fort, nachdem am 7. September 1822 die Unabhängigkeit proklamiert und im weiteren Verlauf Brasilien unter Peter I. Kaiserreich geworden war. In Art. 1 des Gesetzes vom 20. Oktober 1823 bestimmte die Verfassunggebende Versammlung, daß die portugiesische Gesetzgebung weiter gelte, bis neue Gesetzbücher in Kraft getreten oder bisherige Gesetze aufgehoben seien. Eine vollständige Reform der Strafgesetzgebung im Einklang mit den neuen politischen und sozialen Ideen wurde jedoch für notwendig erachtet. Die Verfassung des Kaiserreichs vom 25. März 1824 ordnete in Art. 174 § 18 unter a die Ausarbeitung eines neuen Strafgesetzbuchs an. Sie sprach die

---

1) Vgl. Lang-Hinrichsen: Strafgesetzgebung in Brasilien, Zeitschr. f. d. ges. Strafrechtswiss., 1952, Bd. 64, S. 514 ff. Abweichungen der Seitenzahlen bei Zitaten von Galdino Siqueira: Tratado de Direito Penal, 2. Aufl., Rio de Janeiro, 1950, beruhen darauf, daß in jener Abhandlung die erste Auflage, in dieser Einleitung die zweite Auflage benutzt wurde.

2) Vgl. z. B. Siqueira a. a. O., Bd. I, S. 66 ff., Roberto Lyra: Introdução ao Estudo do Direito Criminal, Rio de Janeiro, 1946, S. 83 ff. Jorge Severiano: Código Penal dos Estados Unidos do Brasil (Comentado), Bd. I, Rio de Janeiro, 1941, S. 10 ff.

3) Clovis Bevilaqua: Instituições e Costumes dos Indígenas Brasileiros ao tempo da Conquista, in Criminologia e Direito, Baia 1896. Rodrigo Octavio: Les Sauvages Americains devant le droit, Paris 1931. C. J. Assis Ribeiro: Historia do Direito Penal Brasileiro (1500—1822), Kap.: O Direito Penal entre os Selvagens, Bd. I, Rio de Janeiro 1943. Roberto Lyra: O Direito Penal dos Indios, in „Arquivos Penitenciários", Rio de Janeiro, Bd. III, 1942, S. 136, Nr. 3 und 4. von Martius: O Direito entre os Indígenas do Brasil, São Paulo 1938.

Anerkennung der Aufhebung der Folter aus und bestimmte bereits die Abschaffung der Prügelstrafe und aller sonstigen grausamen Strafen. Sie bestimmte ferner, daß Strafen nicht von der Person des Täters auf eine andere Person übergehen und daher auch eine Konfiskation des Vermögens und der Übergang der Strafe der Infamie auf Verwandte nicht mehr stattfinden. Im Jahre 1827 wurden von den Deputierten Bernardo Pereira de Vasconcellos und Clemente Pereira Entwürfe zu einem Strafgesetzbuch vorgelegt, die den folgenden Kommissionsberatungen zugrunde gelegt wurden. Aus diesen ging im Jahre 1829 ein Entwurf hervor, der sich, wenn auch mit bedeutsamen Änderungen, in erster Linie auf die Arbeit von Vasconcellos stützte und nach weiteren Beratungen im Parlament im Jahre 1830 angenommen und durch kaiserliches Dekret vom 16. Dezember 1830 sanktioniert wurde. Das Dekret, das die Inkraftsetzung bestimmte, wurde am 8. Januar 1831 veröffentlicht.

Das neue Strafgesetzbuch, das 1831 in Kraft trat und für etwa 60 Jahre die Grundlage der brasilianischen Strafrechtspflege werden sollte, war in vier Teile eingeteilt, Teil I, der die allgemeinen Bestimmungen über Verbrechen und Strafen enthielt, Teil II, der die Verbrechen gegen die Gesamtheit, Teil III, der die Verbrechen gegen den Einzelnen, Teil IV, der die polizeilichen Straftaten zum Gegenstand hatte. Inhaltlich war die Hauptquelle der französische Code pénal. Die Dreiteilung der strafbaren Handlungen wurde jedoch aus diesem nicht übernommen, und die Ausdrücke Verbrechen und Delikt für gleichbedeutend erklärt. Sachlich kam die Systematik auf eine Zweiteilung in Verbrechen und Polizeiübertretungen hinaus, die auch für die späteren Strafgesetzbücher maßgebend wurde. Auch das neapolitanische Strafgesetzbuch von 1819 hatte Einfluß ausgeübt. In seiner allgemeinen Orientierung machte sich das Ideengut Benthams geltend. Dieses brasilianische Strafgesetzbuch hat seinerseits Einfluß auf die ihm folgenden Strafgesetzbücher der übrigen lateinamerikanischen Länder ausgeübt.

Im einzelnen mag Folgendes hervorgehoben werden. Das Zusammenwirken mehrerer zum Verbrechen wird gemäß Art. 16 § 17 als erschwerender Umstand behandelt. Minderjährige unter 14 Jahren sind nach Art. 10 § 1 strafrechtlich nicht verantwortlich, jedoch nach Art. 13, wenn sie mit Unterscheidungsvermögen gehandelt haben, in ein Erziehungshaus für eine vom Richter nach freiem Ermessen zu bestimmende Zeit, die jedoch das Alter von 17 Jahren nicht überschreiten darf, einzuweisen. Für Täter über vierzehn und unter einundzwanzig Jahren war die Jugendlichkeit gemäß Art. 18 § 10 ein Strafminderungsgrund. Die Strafen sind in ihrer Mehrheit relativ bestimmt. In gewissem Umfang findet bereits eine Berücksichtigung der Motive der Straftat statt. Die durch Urteil verhängten Strafen unterliegen nicht der Verjährung. Die Entscheidung über den Ersatz des aus einer strafbaren Handlung entstandenen Schadens wurde dem Strafverfahren überwiesen. Die im allgemeinen Teil vorgesehenen Strafen waren: Todesstrafe durch Erhängen, die Galeerenstrafe als schwerste mit Freiheitsentziehung verbundene Strafe, die in Zwangsarbeit mit Fußschellen und Eisenkette bestand, jedoch gegen Frauen, Jugendliche unter 21 Jahren und Personen über 60 Jahren nicht verhängt werden durfte, Gefängnis mit Arbeitszwang, einfaches Gefängnis, Verbannung, Geldstrafe, zeitweiliges Verbot oder Verlust der Tätigkeit und — entgegen der Verfassung von 1824 — Prügelstrafe, die in einigen Fällen gegenüber Sklaven angedroht war. Das Übergewicht unter den Strafen hatten die Gefängnisstrafe mit Arbeit und einfaches Gefängnis, die für etwa zwei Drittel der Verbrechen angedroht waren.

Im besonderen Teil war ein spezieller Schutz der Religion gewährt. So war nach Art. 278 die Verbreitung von Lehren unter Strafe gestellt, die sich unmittelbar gegen die fundamentale Wahrheit der Existenz Gottes und der Unsterblichkeit der Seele richten, nach Art. 276 war die Ausübung des Kultes einer anderen als der Staatsreligion in einem Gebäude, das die äußere Gestalt eines Gotteshauses hat, oder öffentlich an einem beliebigen Ort strafbar. Die wirtschaftliche Situation jener Zeit spiegelt sich in einer Reihe von Bestimmungen wider, die dem besonderen Schutz der Interessen der Sklavenhalter — Sklavenaufstand, Angriff auf den Sklavenhalter, dessen Frau, Verwandte, Verwalter usw. — dienten. An das Strafgesetzbuch von 1830 knüpfte sich eine größere Zahl strafrechtlicher und zwar hauptsächlich exegetischer Arbeiten an[4]).

In der Folgezeit erlitt der allgemeine Teil des Strafgesetzbuchs nur wenige Änderungen, z. B. hinsichtlich der im Ausland gegen Brasilien und Brasilianer begangenen Straftaten (1875), Abschaffung der Prügelstrafe gegen Sklaven auf Grund der Forderungen der abolitionistischen Bewegung (1886). Bedeutsamer sind die insbesondere als Folge der wirtschaftlichen und sozialen Veränderungen vorgenommenen Neuerungen hinsichtlich einzelner Straftaten. Hier kommen unter anderem in Betracht das Gesetz vom 4. September 1850 betr. das Verbrechen des Handels mit Afrikanern, das Gesetz vom 18. September 1850 betr. widerrechtliche Inbesitznahme und Schädigung von herrenlosen oder fremden Ländereien, das Dekret vom 29. September 1851 betr. unrechtmäßige Ausübung der Heilkunde und betr. Gesundheitspolizei, das Gesetz vom 20. September 1871, das Bestimmungen über fahrlässige Tötung und fahrlässige Körperverletzung traf, das Gesetz vom 15. Oktober 1896, das Änderungen auf dem Gebiete der Sachbeschädigung, Brandstiftung usw. brachte, das Gesetz vom 14. Oktober 1887 betr. die Registrierung von Industrie- und Handelsmarken und die auf sie bezüglichen strafbaren Handlungen. Die Abschaffung der Sklaverei auf Grund des Gesetzes vom 13. Mai 1888 machte eine Reihe von Tatbeständen (Sklavenaufstand usw.) hinfällig.

Angesichts dieser Sachlage wurde in der Deputiertenkammer der Antrag eingebracht, den Justizminister zur Veröffentlichung einer neuen Fassung des Strafgesetzbuchs unter Berücksichtigung der eingetretenen Änderungen, insbesondere unter Ausscheidung der sich auf die Sklaven bezüglichen Vorschriften und Einarbeitung der in Spezialgesetzen enthaltenen Vorschriften zu ermächtigen. Im Jahre 1889 legte João Vieira Araujo, Professor des Strafrechts an der juristischen Fakultät in Recife (Pernambuco), dem Justizminister den Vorentwurf einer neuen Fassung des Strafgesetzbuchs vor. Die im gleichen Jahre vom Justizminister zur Prüfung des Vorentwurfs eingesetzte Kommission sprach sich jedoch für eine grundlegende Reform der Strafgesetzgebung aus. Daraufhin wurde vom Justizminister der Professor an der Fakultät für Rechts- und Sozialwissenschaften in Rio de Janeiro, João Baptista Pereira, mit der Ausarbeitung eines Strafgesetzentwurfs betraut. Während er noch mit dieser beschäftigt war (1889), wurde die Republik proklamiert. Der Justizminister der provisorischen Regierung Dr. Campos Salles erneuerte den Auftrag an Baptista Pereira, einen Entwurf des Strafgesetzbuchs und zwar nunmehr unter Berücksichtigung der inzwischen eingetretenen poli-

[4]) Übersicht u. a. bei Siqueira a. a. O., Bd. I, S. 90 f.

tischen Veränderungen auszuarbeiten. Schon vor dessen Fertigstellung ordnete die Regierung durch Dekret Nr. 774 vom 20. September 1890 die Abschaffung der Galeerenstrafe an, begrenzte die bisherigen lebenslänglichen Strafen auf 30 Jahre, bestimmte die Anrechnung der Untersuchungshaft auf die Strafe und beseitigte die Unverjährbarkeit der rechtskräftig verhängten Strafen. Der sodann von Pereira fertiggestellte Entwurf wurde von einer vom Justizminister eingesetzten und unter seinem Vorsitz stehenden Kommission durchberaten, mit geringen Änderungen angenommen und noch vor Zusammentritt der Verfassunggebenden Versammlung durch Regierungsdekret Nr. 847 vom 11. Oktober 1890 sanktioniert. Das neue Strafgesetzbuch trat nach einigen von der Regierung inzwischen noch vorgenommenen kleineren Änderungen am 1. Januar 1891 in Kraft. Ihm war eine etwa fünfzigjährige Geltungsdauer beschieden[5]).

Es hatte weitgehend als Vorbild das italienische Strafgesetzbuch von 1888 und war an den Lehren der klassischen Schule orientiert. Es enthält vier Bücher mit 412 Artikeln. Buch 1 behandelt die allgemeinen Lehren unter dem Titel „Verbrechen und Strafen", Buch 2 die Verbrechen im besonderen, Buch 3 die Übertretungen im besonderen, Buch 4 enthält allgemeine Anordnungen Grundprinzip ist die Proportionalität von Verbrechen und Strafe. Weitere Merkmale sind Ausschluß der Todesstrafe, der lebenslänglichen und infamierenden Strafen wie allgemein eine Milderung der bisherigen Strafen. Der Strafvollzug sollte nach einer Erklärung des Justizministers Campos Salles von 1891 in Zellengefängnissen nach dem System von Philadelphia erfolgen, das jedoch mit anderen Systemen kombiniert werden sollte.

Das StGB von 1890 begegnete bald starker Kritik[6]). Im Gegensatz zum StGB von 1830, das in einer Epoche relativer Gleichförmigkeit der Entwicklung Brasiliens galt, fiel das StGB von 1890 in eine Periode bedeutsamer sozialer Wandlungen und gleichzeitig auch heftiger kriminalpolitischer Auseinandersetzungen. Die Gedanken der anthropologischen, positiven und soziologischen Schulen drangen in Brasilien ein und wurden eingehend diskutiert[7]).

Schon im Jahre 1891 ernannte die Deputiertenkammer eine Kommission zur Revision des StGB. Der Präsident der Kommission, der bereits erwähnte Professor João Vieira de Araujo, der als einer der ersten in Brasilien die Aufmerksamkeit auf Lombroso, Ferri und die soziologische Schule gelenkt hatte, und später von v. Liszt aufgefordert wurde, Brasilien in der Internationalen Kriminalistischen Vereinigung zu vertreten, legte 1893 der Deputiertenkammer einen Entwurf und nach Einholung kritischer Äußerungen einen zweiten vor, der mit Änderungen 1899 in der Deputiertenkammer angenommen wurde, im Senat jedoch nicht zur Verabschiedung gelangte. Im Jahre 1911 wurden die Bemühungen um eine Reform des Strafrechts wieder aufgenommen. Der damalige Justizminister Dr. Esmeraldino Bandeira wies nachdrücklich auf die Reformbedürftigkeit des geltenden StGB, das er als lückenhaft und mangelhaft in wissenschaftlicher, besonders auch systematischer Hinsicht und in seiner kriminalpolitischen Zielsetzung bezeichnete, und auf die Notwendigkeit hin,

[5]) Übersicht über die zu diesem StGB erschienene Literatur u. a. bei Siqueira a. a. O., Bd. I, S. 91 ff.

[6]) Vgl. die bei Siqueira a. a. O., Bd. I, S. 75, wiedergegebene Kritik.

[7]) Vgl. Roberto Lyra a. a. O., S. 109 ff., mit reichhaltigen Literaturangaben zu diesen kriminalpolitischen Erörterungen.

es durch ein anderes zu ersetzen. Im Jahre 1912 wurden diese Bemühungen unter dem Justizminister Rivadavia Corrêa erneuert, ohne jedoch zu einem Resultat zu führen. Erst erheblich später, unter der Regierung des Präsidenten Dr. Arthur Bernardes (1922—1926), wurden die Reformarbeiten wieder aufgenommen, und der Richter am Tribunal de Justiça do Distrito Federal Virgílio de Sá Pereira mit der Ausarbeitung eines neuen Entwurfs betraut, den er 1928 vorlegte. Dieser wurde sodann von einer von der Regierung eingesetzten Kommission durchberaten. Der hierbei entstandene neue Entwurf wurde von der Deputiertenkammer angenommen und 1937 dem Senat zugeleitet. Dort kam er jedoch infolge des Staatsstreichs des Präsidenten Getúlio Vargas vom 10. November 1937 — Aufhebung der Verfassung und damit des Parlaments, Begründung eines diktatorischen Regimes[8]) — nicht mehr zur Durchberatung.

Der neue Justizminister Dr. Francisco Campos betraute nunmehr Dr. Alcântara Machado, Professor der Juristischen Fakultät in São Paulo, mit den weiteren Vorarbeiten zur Strafrechtsreform. Dieser arbeitete einen neuen Entwurf zum StGB aus, der mit Motiven veröffentlicht wurde und zu literarischen Stellungnahmen Anlaß gab. Im gleichen Jahre wurde von der Regierung eine Revisionskommission eingesetzt, die in zweijähriger Arbeit den Entwurf einer Durchberatung unterzog, aus der ein neuer Entwurf hervorging[9]), der nach einigen weiteren Änderungen vom Präsidenten der Republik auf Grund der ihm durch Art. 180 der von ihm selbst erlassenen Verfassung von 1937 eingeräumten Gesetzgebungsbefugnis durch Decreto-Lei Nr. 2848 vom 7. Dezember 1940 zum StGB erklärt wurde. Die Veröffentlichung mit Motiven erfolgte am 31. Dezember 1940 im Diário Oficial[10]). Es trat am 1. Januar 1942 in Kraft. Das Einführungsgesetz datiert vom 9. Dezember 1941 Decreto-Lei Nr. 3914. Es enthält im wesentlichen Übergangsvorschriften.

Das StGB von 1940 enthält nur einen Teil des Strafrechts. Einmal sind die Übertretungen nicht in ihm enthalten. Sie wurden einem besonderen Gesetz vorbehalten, das am 3. Oktober 1941 Decreto-Lei Nr. 3.688 unter dem Titel „Lei das Contravenções Penais"[11]) erlassen, zusammen mit den Motiven veröffentlicht wurde und gemäß Art. 72 am 1. Januar 1942 in Kraft trat. Das oben erwähnte Einführungsgesetz zum StGB bezieht sich auch auf dieses Gesetz. Für die Übertretungen ist in der Strafprozeßordnung vom 3. Oktober 1941 Kap. V Art. 531—538 ein besonderes summarisches Verfahren vorgesehen.

Während das StGB einige Materien enthält, die in anderen Gesetzgebungen zuweilen Spezialgesetzen überlassen sind, wie die strafbaren Handlungen gegen den Schutz des Urheberrechts Art. 184 ff., des Erfinderrechts Art. 187 ff., der Industrie- und Handelsmarken Art. 192 — Bestimmungen, die durch spätere Gesetzgebung Modifikationen erfahren haben[12]) — und die strafbaren Handlungen des unlauteren Wettbewerbs Art. 196, so sind auf der anderen Seite die Verbrechen gegen den Bestand, die Sicherheit und Unversehrtheit des Staates in ihm nicht enthalten. Sie sind gemäß Art. 360 StGB der Spezialgesetzgebung vorbehalten. Hier gilt

8) Vgl. Vicente Tapajos: História do Brasil, 3. Aufl., São Paulo, S. 463 f.

9) Vgl. Exposição de Motivos Nr. 86 (1940).

10) Zur Literatur zum StGB vgl. Siqueira a. a. O., Bd. 1, S. 93 ff., Lang-Hinrichsen a. a O., S. 529 ff.

11) Das Gesetz ist mehrfach literarisch behandelt worden. Vgl. z. B. Sady Cardoso de Gusmão „Das Contravenções Penais, Breve Comentário", Rio de Janeiro 1942.

12) Vgl. Anm. der Übersetzung zum III. Titel, Kap. II, vor Art. 187 sowie die Anm. zum gleichen Titel, III. Kap. vor Art. 192 und IV. Kap. vor Art. 196.

Decreto-Lei Nr. 431 vom 18. Mai 1938. Ferner kommt auf diesem Gebiet das Gesetz betreffend die nationale Sicherheit „Segurança Nacional" Lei Nr. 38 vom 4. April 1935 in Betracht, das die strafbaren Handlungen gegen die politische und soziale Ordnung behandelt. Während des letzten Krieges wurde allgemein für Kriegszeiten das Gesetz betr. militärische Verbrechen und betr. Verbrechen gegen die Sicherheit des Staates Decreto-Lei Nr. 4766 vom 1. Oktober 1942 erlassen. Gemäß Art. 360 StGB sind ferner der Spezialgesetzgebung vorbehalten: die Regelung der strafrechtlichen Verantwortlichkeit des Präsidenten der Republik, die jetzt in ihren Grundlinien in der Bundesverfassung von 1946 Art. 88 geregelt ist, welche ihrerseits wieder auf ein Spezialgesetz verweist[12a]), die Wirtschaftsdelikte (z. B. Bewirkung von Preissteigerungen, Zurückhalten von Rohstoffen usw.), auf die sich u. a. das Gesetz „Economia Popular, sua Guarda e Emprego" Decreto-Lei Nr. 869 vom 18. November 1938 und die Ergänzungs- und Änderungsgesetze Decreto-Lei Nr. 1716 vom 28. Oktober 1939 insbes. die Aburteilung der Verbrechen gegen die Volkswirtschaft betreffend, Decreto-Lei Nr. 9.669 vom 29. August 1946, Decreto-Lei Nr. 9840 vom 11. September 1946, Decreto-Lei Nr. 9.914 vom 17. September 1946, Lei Nr. 1521 und 1522 vom 26. Dezember 1951[13]) beziehen. Ferner ist auf diesem Gebiet zu erwähnen Decreto-Lei Nr. 9125 vom 4. April 1946 über die Kontrolle der Preise und die Schaffung von Organen zur Verhinderung der Preissteigerung. Weiterhin sind in Art. 360 des StGB der Sondergesetzgebung vorbehalten: Die Preßdelikte, die im Preßgesetz „Lei de Imprensa" Decreto Nr. 24 776 vom 14. Juli 1934, die Konkursdelikte, die in „Lei de Falências" Decreto-Lei Nr. 7661 vom 21. Juni 1945 enthalten sind, und die Militärverbrechen, für die jetzt das Militärstrafgesetzbuch Decreto-Lei Nr. 6.227 vom 24. Januar 1944 gilt. An weiteren für das Strafrecht in Betracht kommenden Gesetzen seien noch erwähnt:

Das Gesetz betr. Verfahren und Aburteilung der Verbrechen, die zur Kompetenz des früheren Tribunal de Segurança Nacional gehörten, Decreto-Lei Nr. 8.186 vom 19. November 1945 in Verbindung mit dem Gesetz betr. Ersatz und Umwandlung von Strafen Decreto-Lei Nr. 8.960 vom 16. Januar 1946.

Decreto-Lei Nr. 3.415 vom 10. Juli 1941, das nähere Bestimmungen über die zu treffenden Maßnahmen im Falle der Amtsunterschlagung enthält.

Gesetz betr. Lotterien Decreto-Lei Nr. 6.259 vom 10. Februar 1944. Gesetz betr. Verbot des öffentlichen Glückspiels Decreto-Lei Nr. 9.215 vom 30. April 1946,

Zensur öffentlicher Lustbarkeiten Decreto Nr. 20.493 vom 24. Januar 1946 in Verbindung mit dem Reglement betr. die Zensur öffentlicher Lustbarkeiten und den Änderungen gemäß Decreto Nr. 24.911 vom 6. Mai 1948 und Decreto Nr. 26.964 vom 27. Juli 1949,

Gesetz betr. Handlungen, die aus Vorurteilen hinsichtlich der Rasse und Farbe hervorgehen, Lei Nr. 1.390 vom 3. Juli 1951,

Gesetz betr. die Kontrolle von Betäubungsmitteln Decreto-Lei Nr. 891 vom 25. November 1938,

Reglement für die pharmazeutische Industrie in Brasilien in Verbindung mit dem Decreto Nr. 20.397 vom 14. Januar 1946,

12a) Dieses Gesetz: Responsabilidade Lei Nr. 1.079 ist unter dem 10. April 1950 erlassen und behandelt die Verbrechen der Verantwortlichkeit des Präsidenten der Republik, der Minister, Gouverneure und Staatssekretäre.

13) Vgl. zur Gesetzgebung auf diesem Gebiet noch des Näheren Siqueira, Bd. 3, S. 15 ff.

Gesetz betr. die Errichtung von Apotheken Lei Nr. 1.472 vom 22. November 1951,

Gesetz betr. verbotene Propaganda von Ärzten, Zahnärzten usw. Decreto-Lei Nr. 4.113 vom 14. Februar 1942,

Reglement betr. Fabrikation, Einfuhr, Ausfuhr, Handel, Beförderung und Lagerung von Explosivstoffen, Waffen, Munition, chemischen, ätzenden usw. Produkten[13a]),

Verkehrsordnung „Código Nacional de Trânsito" Decreto-Lei Nr. 3.651 vom 25. September 1941,

Gesetz zur Einschränkung von Geräuschen im Verkehr Decreto-Lei Nr. 1.259 vom 6. Mai 1939 (Blankettgesetz mit Geltung für den Bundesdistrikt),

Tierschutzgesetz „Lei de proteção a animais" Decreto-Lei Nr. 24.645 vom 10. Juli 1934,

Jagdgesetz „Código de Caça" Decreto-Lei Nr. 5.894 vom 20. Oktober 1943 in Verbindung mit der Ausführungsverordnung (Portaria) Nr. 410 vom 9. Dezember 1943,

Fischereigesetz „Código de Pesca" Decreto-Lei Nr. 794 vom 19. Oktober 1938 mit Abändernugsgesetz Decreto-Lei Nr. 1.708 vom 27. Oktober 1939 in Verbindung mit Decreto-Lei Nr. 1.631 vom 27. September 1939,

Forstgesetz „Código Florestal" Decreto Nr. 23.793 vom 23. Januar 1951.

Die Bestimmungen betr. Minderjährige (Erziehung, Fürsorge usw.) sind in dem Código de Menores Decreto Nr. 17.943 vom 12. Oktober 1927 enthalten. Kap. VII dieses Código behandelt die minderjährigen Delinquenten. Die auf sie bezüglichen Bestimmungen sind, nachdem das StGB von 1940 den Beginn der Strafmündigkeit auf 18 Jahre heraufgesetzt hatte, durch Decreto-Lei Nr. 6.026 vom 24. 11. 1943 modifiziert worden. Es enthält die nunmehr geltenden Bestimmungen über die Maßnahmen, die auf Strafunmündige unter 18 Jahren, die einen strafrechtlichen Tatbestand erfüllt haben, anwendbar sind. Diese Vorschriften sind jedoch als provisorische gedacht, da der Erlaß eines neuen Código de Menores geplant ist.

In dieser Materie ist auch auf das Gesetz betr. den Schutz von Mutterschaft, Kindern und Jugendlichen Decreto-Lei Nr. 2.024 vom 17. Februar 1940 hinzuweisen.

Der Strafprozeß ist im Código de Processo Penal Decreto-Lei Nr. 3.689 vom 3. Oktober 1941, in Kraft getreten am 1. Januar 1942, mit Einführungsgesetz „Lei de introdução ao Código de Processo Penal" Decreto-Lei Nr. 3.931 vom 11. Dezember 1941 geregelt. —

Das geltende Strafgesetzbuch ist von dem Entwurf von Sá Pereira und in erster Linie von dem Entwurf von Alcântara Machado beeinflußt. Das entscheidende Vorbild ist das italienische Strafgesetzbuch vom 19. Oktober 1930, teilweise hat auch das schweizerische Strafgesetzbuch vom 21. Dezember 1937 Einfluß ausgeübt.

Im brasilianischen StGB[14]) ist eine scharfe Trennung von materiellem und formellem Recht insofern nicht durchgeführt, als es in Titel VII Art. 102 ff. einen Abschnitt „Strafklage" enthält. In ihm ist als Grundsatz das Prinzip der öffentlichen Klage, die von der Staatsanwaltschaft zu erheben ist und in den vom Gesetz bestimmten Fällen von einem Strafantrag

---

13a) Abgedruckt in Sady Cardoso de Gusmão „Das Contravenções Penais" 1942 S. 332 ff.

14) Ein kurzer Überblick über die hauptsächlichsten Bestimmungen des brasilianischen StGB, Allgemeiner und Besonderer Teil, ist in Lang-Hinrichsen: Strafgesetzgebung in Brasilien, Zeitschr. f. d. ges. Strafrechtswiss., Bd. 64, 1952, S. 514 ff., enthalten.

des Verletzten oder einem Ersuchen des Justizministers abhängt, aufgestellt (Art. 102). Die Privatklage ist entweder eine primäre — welche strafbaren Handlungen Privatklagedelikte sind, ist im Besonderen Teil des StGB jeweils angegeben — oder eine subsidiäre, die dann Platz greift, wenn die Staatsanwaltschaft innerhalb eines bestimmten Zeitraums nicht Klage erhebt. —

Was die Grundanschauung des Código Penal im Hinblick auf Verbrechen und Strafen anlangt, so erklären die Motive (unter Nr. 3), daß das Gesetz im Einklang mit der überwiegenden Mehrheit der modernen Strafgesetzbücher sich nicht einer bestimmten Straftheorie angeschlossen habe. Forderungen der klassischen Schule seien mit denen der positiven Schule verbunden worden. An anderer Stelle (unter Nr. 25), bei Behandlung der Straferhöhungs- und Strafminderungsgründe (Art. 44 ff. StGB), heißt es in den Motiven, daß der Código Penal einen ausgesprochen subjektivistischen Charakter trage und die verbrecherische Tat selbst hinsichtlich ihrer materiellen Seite an die zweite Stelle rücke. Noch weitergehend erklärt Roberto Lyra, der Mitglied der amtlichen Kommission war, die den endgültigen Entwurf ausarbeitete, aus dem der Código hervorging, daß die verbrecherische Tat nur ein sekundäres Moment der Strafbarkeit sei, daß sie lediglich die Bedeutung eines Symptoms der Persönlichkeit des Verbrechers habe, die die maßgebende Grundlage der Strafbarkeit bilde[15]), und an anderer Stelle[16]) will er im StGB in erster Linie die Prinzipien der positiven Schule verwirklicht sehen. Man wird jedoch nicht sagen können, daß diese Auffassung im StGB eine ausreichende Grundlage findet. Es ist auf dem Prinzip der Zweispurigkeit von Strafen (Titel V Art. 28 ff.) und sichernden Maßnahmen (Titel VI Art. 75 ff.) aufgebaut. In der allgemeinen Strafbemessungsvorschrift des Art. 42 sind neben Vorleben und Persönlichkeit des Täters die Intensität des Vorsatzes oder der Grad der Fahrlässigkeit, die Motive, Umstände und Folgen des Verbrechens als maßgebliche Faktoren genannt, also objektive und subjektive Momente, die sich auf die Einzeltat beziehen. Der Katalog der straferhöhenden und strafmindernden Umstände (Art. 44 ff.) enthält ebenfalls Kriterien objektiver und subjektiver Art, die sich auf die Einzeltat beziehen. Die oft sehr minutiös abgestuften und nach Einzeltatmomenten nach oben und unten modifizierten Strafrahmen des Besonderen Teils, besonders insoweit diese Modifikationen auf die konkrete Tat bezogen sind, und weiterhin die Bestimmungen über die Verbrechenskonkurrenz in Art. 51 lassen das Bestreben eine Proportionalität von Tat und Strafe herzustellen, erkennen. Die Bestrafung ist an die schuldhafte Verwirklichung eines Tatbestandes, nicht an die Gefährlichkeit des Täters, die für die Verhängung sichernder Maßnahmen entscheidend ist, geknüpft. Die Berücksichtigung der Täterpersönlichkeit und ihres Vorlebens sowie subjektiver Momente bedeutet noch nicht die Anerkennung der symptomatischen Verbrechensauffassung und der Prinzipien der positiven Schule. Auch Siqueira[17]) vertritt die Auffassung, daß die von den Motiven (unter Nr. 25) und die von Roberto Lyra geäußerte Ansicht nicht mit dem allgemeinen System des Código Penal übereinstimmt.

Was die Einteilung der strafbaren Handlungen betrifft, so kennt das brasilianische Strafrecht nur Verbrechen und Übertretungen. Der Código Penal behandelt nur die Verbrechen. Übertretungen sind nur an einzelnen

---

15) Roberto Lyra: Noções de direito criminal, Bd. 1 unter Nr. 32.
16) Roberto Lyra: Introdução ao estudo do direito criminal Rio de Janeiro, 1946, S. 94 f.
17) Siqueira a. a. O., Bd. 2, S. 753.

Stellen des StGB erwähnt, z. B. bei Widerruf der bedingten Strafaussetzung Art. 59 und der bedingten Entlassung Art. 64 ff.

Titel I Anwendung des Strafgesetzes. Als Grundprinzip für die Bestrafung sanktioniert der Código Penal die Sätze „nullum crimen, nulla poena sine lege" (Art. 1). Ein späteres Gesetz, nach welchem eine Handlung nicht mehr Verbrechen ist, hat obligatorisch rückwirkende Kraft auch bei bereits rechtskräftig erfolgter Aburteilung. Entsprechendes gilt für ein späteres eine mildere Strafe androhendes Gesetz (Art. 2). Ein temporäres Gesetz wird auch nach Ablauf seiner Geltungsdauer auf die während dieser begangenen Handlungen angewandt. Auf dem Gebiete des Geltungsbereichs der Strafgesetze ist das Territorialitätsprinzip mit dem Schutzprinzip (z. B. bei Verbrechen gegen Leben und Freiheit des Präsidenten der Republik, gewisse Verbrechen gegen die brasilianische Union, Einzelstaaten oder Gemeinden, gegen die öffentliche Verwaltung, gegen einen Brasilianer) und dem Personalitätsprinzip (vgl. Art. 4 f.) verbunden.

Titel II Verbrechen. Hinsichtlich des ursächlichen Zusammenhanges bekennt sich das Gesetz zur Theorie von der Gleichwertigkeit aller Bedingungen. Es enthält auch eine Bestimmung über das Abbrechen des Kausalverlaufs (Art. 11). Der Versuch wird als Anfang der Ausführung des nicht zur Vollendung gelangten Verbrechens definiert und grundsätzlich obligatorisch milder bestraft (Art. 12). Wer freiwillig von der Vollendung des Verbrechens Abstand nimmt oder den Eintritt des Erfolges verhindert, ist nur für die bereits vollendete Handlung, nicht für den Versuch verantwortlich (Art. 13). Eine Bestrafung wegen Versuchs tritt nicht ein, wenn die strafbare Handlung wegen absoluter Untauglichkeit des Mittels oder Objekts nicht zur Vollendung gelangen konnte (Art. 14). Jedoch finden in diesem Falle, sofern der Täter als gefährlich anzusehen ist, Maßregeln der Sicherung (Art. 76), und zwar nach Art. 94 Nr. III Schutzaufsicht, für mindestens ein Jahr Anwendung. —

Für die Bestrafung ist das Schuldprinzip maßgebend. Allerdings ist es insofern nicht rein durchgeführt, als der Código Delikte, die durch den Erfolg qualifiziert sind, kennt, z. B. Körperverletzung mit nachfolgendem Tod Art. 129 § 3 und weitere in Art. 129 aufgeführte Fälle, Art. 133 usw. In diesen Fällen genügt nach herrschender Ansicht für die erhöhte Strafbarkeit lediglich der Kausalzusammenhang zwischen der Handlung und dem schwereren Erfolg[18]). Vorsatz und Fahrlässigkeit sind im Gesetz definiert (Art. 15). Die Vorsatzdefinition umfaßt in ihrem zweiten Teil („oder die Gefahr auf sich nahm", den Erfolg herbeizuführen) den dolus eventualis. Mit dieser Formulierung sollte, wie Nelson Hungria, ein Mitglied der Strafrechtskommission, ausdrücklich erklärt, die sogen. Einwilligungstheorie anerkannt werden[19]). Auch die Motive (unter Nr. 13) sprechen dafür[20]).

Die in der Fahrlässigkeitsdefinition genannte Unvorsichtigkeit stellt nach allgemeiner Auslegung ein Handeln mit Unüberlegtheit, Überstürzung oder Unbeständigkeit dar, Nachlässigkeit ein Handeln, bei welchem die Auswahl der geeigneten Mittel für die Ausführung der Handlung unterlassen oder deren Ausführung verzögert wird. Unerfahrenheit findet seinen typischen Ausdruck in der Berufsfahrlässigkeit und besteht in einem Han-

18) Vgl. hierzu die näheren Ausführungen bei Siqueira a. a. O., Bd. 3, S. 88 ff.
19) Nelson Hungria: „Comentários ao Código Penal", herausgeg. v. d. Revista Forense, 1949, S. 47 f.
20) Vgl. zur Frage auch Siqueira a. a. O., Bd. 1, S. 480 f.

deln trotz nicht genügender Eignung für die Ausübung einer Kunstfertigkeit oder eines Berufs, trotz Fehlens der Tauglichkeit, die für bestimmte Verrichtungen erforderlich ist[21]). Grundsätzlich findet Bestrafung wegen eines Verbrechens nur bei vorsätzlichem Handeln statt, in anderen Fällen nur, wenn es ausdrücklich im Gesetz bestimmt ist.

Auf dem Gebiete der Irrtumslehre ist für das Strafgesetzbuch die Unterscheidung von Rechts- und Tatirrtum maßgebend. Der Rechtsirrtum wird in Art. 16, der Tatirrtum in Art. 17 behandelt. Nach Art. 16 befreit die Unkenntnis oder irrige Auffassung des Gesetzes nicht von Strafe. Dieser Grundsatz steht im Einklang mit der bisherigen brasilianischen Gesetzgebung. Dem StGB von 1890 lag in Art. 26 a der gleiche Gedanke zugrunde. Der oben erwähnte Entwurf von Sá Pereira sah in Art. 30 eine Einschränkung jenes Grundsatzes, den er als Prinzip ebenfalls anerkannte, vor, indem er einige Ausnahmen statuierte. So sollte die Verantwortlichkeit ausgeschlossen sein, wenn die Unkenntnis des Gesetzes auf höhere Gewalt oder offenbare Unmöglichkeit des Gesetzeskenntnis zurückzuführen ist, unter gewissen näher bezeichneten Voraussetzungen auch, wenn der Täter Analphabet oder ein Ausländer ist, der mit Sprache oder Gewohnheiten des Landes noch nicht vertraut ist. Von diesen Fällen abgesehen, räumte der Entwurf die Möglichkeit einer Strafmilderung nach freiem Ermessen ein. Der Entwurf von Alcântara Machado kehrte jedoch zum allgemeinen Prinzip des Nichtausschlusses der Verantwortung bei Rechtsirrtum zurück. Ihm folgte das geltende StGB. Es sieht jedoch in Art. 48 Nr. III die Unkenntnis oder irrige Auffassung des Strafgesetzes, sofern sie entschuldbar ist, als einen Umstand an, der stets die Strafe mindert. Die Motive führen unter Nr. 14 aus, daß die Strafrechtskommission, soweit es sich um Verbrechen handelt, nicht den Argumenten zugunsten einer Einschränkung des Prinzips der grundsätzlichen Unerheblichkeit des Rechtsirrtums gefolgt sei. Der Satz „error juris nocet" sei in erster Linie eine Forderung der Kriminalpolitik. Wenn es gestattet wäre, sich zur Entschuldigung auf die Unkenntnis des Gesetzes zu berufen, so würde die Reaktion gegenüber dem Verbrechen ernstlich beeinträchtigt sein, da für den Täter ein in vielen Fällen schwer zu widerlegender Vorwand geschaffen werden würde. Auch der Versuch, ihm den dolus eventualis nachzuweisen, würde oft zu einem non liquet führen. Gerade den schlimmsten Delinquenten, die fast immer aus sozialen Schichten, die der Bildung entbehrten, stammten, würde damit die Straflosigkeit gesichert sein. Aber selbst wenn man von dem Gesichtspunkt des sozialen Nutzens absehe, enthalte der Satz „nemo censetur ignorare legem" keine Ungerechtigkeit, wenn man den soziologischen Ursprung der Gesetze, insbesondere der Strafgesetze, in Betracht ziehe. Allerdings sei das Gesetz nicht immer ein Reflex des kollektiven Rechtsbewußtseins, indem es zuweilen politischen Rücksichten des Augenblicks entspreche. Diesem Umstand sei jedoch im Rahmen des Möglichen dadurch Rechnung getragen, daß der entschuldbare Rechtsirrtum in die Gruppe derjenigen Umstände, die stets die Strafe mindern, eingereiht sei.

Die Irrtumsregelung und ihre Begründung in den Motiven haben nicht ungeteilten Beifall gefunden. Im Einklang mit zahlreichen Äußerungen der strafrechtlichen Literatur und unter ausdrücklicher Berufung auf diese ist die herkömmliche Unterscheidung von Rechts- und Tatirrtum angegriffen worden. Dies war bereits unter der Herrschaft der StGB von 1890

21) Siqueira a. a. O., Bd. 1, S. 523 ff.

z. B. von seiten des Kriminalisten Antônio da Costa e Silva geschehen[22]). Siqueira[23]) hat nach Erlaß des geltenden Strafgesetzbuchs diese Angriffe wiederholt. Er hat ferner die allgemeine Annahme, daß Gesetze als bekannt vorauszusetzen seien, als eine ungerechtfertigte Fiktion[24]) und die Möglichkeit, einen entschuldbaren Rechtsirrtum als Strafminderungsgrund zu behandeln, als unzureichend bezeichnet[25]). Er verweist darauf, daß Urteile brasilianischer Gerichte Ausländer im Falle der Unkenntnis lokaler Vorschriften für straffrei erklärt und auch im Falle von Kontroversen über Sinn und Geltung von Gesetzen Ausschluß der strafrechtlichen Verantwortung angenommen haben[26]). Er selbst tritt im Einklang mit Garófalo dafür ein, die naturrechtliche Unterscheidung zwischen Straftaten, die ihrer Natur nach Verbrechen sind, die „atrocitatem facinoris habent", wie Tötung, Raub, Diebstahl, und solchen, die es durch staatliche Schöpfung sind, den sog. „delicta juris civitatis", zur Anwendung zu bringen und bei der letzteren Gruppe Berufung auf Irrtum zuzulassen, was in vernünftigen Grenzen gehandhabt nicht zur Beeinträchtigung der staatlichen Strafrechtspflege führen würde[27]). Es hat in Brasilien auch Strömungen gegeben, die für den Vorsatz das Bewußtsein der Rechtswidrigkeit — consciência da injuridicidade — forderten. Der Gedanke wurde insbesondere von Nelson Hungria, der, wie erwähnt, später Mitglied der amtlichen Strafrechtskommission war, de lege ferenda vertreten und in der „Confêrencia Brasileira de Criminologia" (1936) zur Diskussion gestellt. Die Anhänger dieser Meinung blieben jedoch in der Minderheit[28]).

Abweichend vom StGB bestimmt das bereits erwähnte Gesetz betr. Übertretungen vom 3. Oktober 1941 in Art. 8, daß im Falle entschuldbarer Unkenntnis oder irriger Auffassung des Gesetzes von Strafe abgesehen werden kann.

Zu der in der Literatur[29]) erörterten Frage, ob zwischen strafrechtlichem und außerstrafrechtlichem Irrtum zu unterscheiden und letzterer dem Tatirrtum gleichzustellen sei, äußern sich die Motive (unter Nr. 13) in verneinendem Sinne. Sie erklären, daß zwischen beiden Irrtümern eine Unterscheidung nicht zu machen sei. Wenn eine Norm des Strafrechts auf eine außerstrafrechtliche Norm Bezug nehme oder sie voraussetze, so würde diese integrierender Bestandteil jener, und der sich auf sie beziehende Irrtum sei folgerichtig ein unerheblicher error juris criminalis.

Der Tatirrtum ist in Art. 17 in der Weise geregelt, daß straffrei ist, wer das Verbrechen im Irrtum über den Sachverhalt begeht, der die strafbare Handlung begründet. Diesem Irrtum ist der Fall gleichgestellt, daß der Täter in einem durch die Umstände vollkommen gerechtfertigten Irrtum einen Sachverhalt annimmt, der, wenn er vorläge, die Handlung rechtfertigen würde. Straffreiheit tritt jedoch nach § 1 des gleichen Artikels nicht ein, wenn der Irrtum auf Fahrlässigkeit beruht und fahrlässige Begehung unter Strafe gestellt ist. § 2 behandelt die Verantwortlichkeit des Dritten, der den Irrtum hervorgerufen hat, § 3 den error in persona. Die

---

22) Costa e Silva: Código Penal dos Estados Unidos do Brasil, 2 Bände, 1930—1938, Bd. 1, S. 161.
23) Siqueira a. a. O., Bd. 1, S. 495.
24) Siqueira a. a. O., Bd. 1, S. 489.
25) Siqueira a. a. O., Bd. 1, S. 492.
26) Siqueira a. a. O., Bd. 1, S. 492.
27) Siqueira a. a. O., Bd. 1, S. 491 f.
28) Revista de direito penal, Bd. 15, S. 43 und S. 78.
29) Vgl. Siqueira a. a. O., Bd. 1, S. 493 f.

aberratio ictus ist in Art. 53 unter dem Titel „Irrtum bei der Tatausführung" behandelt.

In Art. 18 ist die Wirkung unwiderstehlichen Zwanges und des Gehorsams gegenüber dem Befehl eines dienstlichen Vorgesetzten behandelt. Das Gesetz spricht hier wörtlich von „hierarchischem" Vorgesetzten, unter welchem nach allgemeiner Auslegung ein Vorgesetzter innerhalb eines öffentlichen Dienstverhältnisses zu verstehen ist[30]). Zwang und Gehorsam gegenüber einem Befehl werden als Rechtfertigungsgründe angesehen[31]). Handelt es sich um einen Zwang, dem der Täter hätte Widerstand entgegensetzen können, so ist dies gemäß Art. 48 Nr. IV c einer der Umstände, die stets die Strafe mindern.

Nach Art. 19 ist eine strafbare Handlung nicht vorhanden im Falle des Notstandes, der Notwehr und der strikten Erfüllung einer gesetzlichen Pflicht oder der gesetzmäßigen Ausübung eines Rechtes. Art. 20 enthält die Erfordernisse des Notstandes. Seine Formulierung ist teils durch Art. 54 des italienischen StGB, teils durch Art. 34 des schweizerischen StGB beeinflußt, letzteres hinsichtlich des Erfordernisses, daß dem Täter die Aufopferung seines Rechtes nach den Umständen nicht zugemutet werden kann, und der Statuierung eines fakultativen Strafmilderungsgrundes in Art. 20 § 2 des Código Penal, falls diese letztere Voraussetzung nicht gegeben ist. Eine Beschränkung der Notstandsvorschrift in dem Sinne, daß Notstand nur zugunsten persönlicher Rechtsgüter ausgeübt werden könnte, enthält die Vorschrift nicht. Nach ausdrücklicher Vorschrift des Gesetzes Art. 20 § 1 kann sich nicht auf Notstand berufen, wer die Rechtspflicht hatte, die Gefahr zu bestehen. Was die rechtliche Qualifizierung des Notstands anlangt, so wird dieser im brasilianischen Strafrecht als Rechtfertigungsgrund angesehen[32]).

Auf dem Gebiete der Notwehr verlangt Art. 21, daß die notwendigen Mittel zur Abwehr in maßvoller Weise angewandt werden.

Im dritten Titel, der die strafrechtliche Verantwortlichkeit behandelt, folgt das Gesetz bei der Bestimmung der Zurechnungsfähigkeit der sog. biologisch-psychologischen Methode. Auf der sog. psychologischen Seite ist sowohl das intellektuelle wie auch das Willensmoment berücksichtigt (Art. 22). Die verminderte Zurechnungsfähigkeit ist in Art. 22 § 1 als fakultativer Strafminderungsgrund ausgestaltet. Im Falle der Gefährlichkeit sind sichernde Maßnahmen in Art. 91 gegenüber Zurechnungsunfähigen, in Art. 92 gegenüber vermindert Zurechnungsfähigen vorgesehen.

Minderjährige unter 18 Jahren sind nach Art. 23 strafrechtlich nicht verantwortlich. Für die über 18 und unter 21jährigen Täter ist, wie übrigens auch für die über 70jährigen, in Art. 48 Nr. I, ein obligatorischer Strafminderungsgrund normiert. Die Festsetzung der Strafmündigkeitsgrenze auf 18 Jahre ist in der brasilianischen Gesetzgebung erstmalig erfolgt. Das StGB von 1830 hatte in Art. 10 § 1 die Strafmündigkeit mit 14 Jahren bestimmt. Hinsichtlich der unter 14 Jahre alten Täter hatte es in Art. 13 angeordnet, daß diese, wenn sie mit Unterscheidungsvermögen gehandelt hatten, für eine vom Richter zu bestimmende Zeit, jedoch nicht über das 17. Lebensjahr hinaus, in eine Besserungsanstalt einzuweisen seien. Das jugendliche Alter von 14 bis zu 21 Jahren stellte einen Strafminderungsgrund dar. Das StGB von 1890 unterschied zwischen Kindheit bis zu

30) Vgl. Ribeiro Pontes: Comentários ao Código Penal, 1942, Bd. 1, Art. 18 unter I, Jorge Severiano: Código Penal 1941 und 1944, Bd. 1, Art. 18, S. 240, Siqueira a. a. O., Bd. 1, S. 350 f.

31) Vgl. Siqueira a. a. O., Bd. 1, S. 349 f.

32) Vgl. Siqueira a. a. O., Bd. 1, S. 337 ff., 343.

9 Jahren, Impubertät vom 9. bis zum vollendeten 14. Lebensjahr und strafrechtlicher Minderjährigkeit von 14 bis zu 21 Jahren. Für die Kindheit galt Freiheit von strafrechtlicher Verantwortung, für die Impubertät problematische Zurechnungsfähigkeit, die vom Unterscheidungsvermögen abhing, und für die Zeit der Minderjährigkeit strafrechtliche Verantwortung mit Strafminderung (Art. 27 §§ 1, 2 und Art. 42 § 11 des StGB von 1890). Diese Bestimmungen sind später wesentlich geändert worden. Durch Gesetz Nr. 4.242 vom 5. Januar 1921 in Verbindung mit dem Decret Nr. 16.272 vom 20. Dezember 1923 wurden die Strafunmündigkeit bis zu 14 Jahren erstreckt und Anordnungen für die bis zu 14 Jahre alten Täter vorgesehen und für die 14- bis 18jährigen Täter ein besonderes Verfahren und Maßnahmen, die ihrer psychischen, geistigen und moralischen Verfassung entsprechen, geschaffen. Für die 18- bis 21jährigen Täter blieb es bei dem in Art. 42 § 11 des StGB von 1890 normierten Strafminderungsgrund. Durch Decret Nr. 5.083 wurde die Regierung ermächtigt, die Gesetzgebung über Fürsorge und Schutz der Minderjährigen zu vereinheitlichen. Auf Grund dessen wurde mit Decret Nr. 17.943 — A vom 12. Oktober 1927 das bereits erwähnte Gesetzbuch betr. Minderjährige (Código de Menores) erlassen, das in Kap. VII die minderjährigen Delinquenten behandelt. Seine Bestimmungen haben, wie gesagt, durch das jetzt geltende StGB, das die Strafmündigkeit in Art. 23 auf 18 Jahre heraufsetzte, ein Modifikation erlitten. Nach Erlaß des neuen StGB wurde eine Kommission eingesetzt, die einen Código de menores im Einklang mit den neuen Bestimmungen des StGB ausarbeiten sollte. Um aber schon vor dessen Erlaß Vorsorge für die unter 18jährigen, jetzt nicht mehr strafmündigen Delinquenten zu treffen, wurde das bereits erwähnte Decreto-Lei Nr. 6.026 vom 24. 11. 1943 erlassen, welches die nunmehr gegenüber Strafunmündigen zu verhängenden Maßnahmen enthält. Diese hängen davon ab, ob es sich um Minderjährige zwischen 14 und 18 Jahren oder solche unter 14 Jahren handelt. Bei der ersten Gruppe ist entscheidend, ob der Minderjährige als gefährlich anzusehen ist. Ist dies nicht der Fall, so kann ihn der Richter in der Gewalt des Vaters oder Erziehungsberechtigten belassen oder einer sonstigen Person zur Obhut anvertrauen oder in eine Anstalt zur Erziehung oder Berufsausbildung einweisen und nach seinem Ermessen diese Anordnungen widerrufen oder ändern. Im Falle der Gefährlichkeit ist der Minderjährige in einer geeigneten Anstalt unterzubringen, bis der Richter die Gefährlichkeit als behoben erklärt (Art. 2). Der Minderjährige kann nach seiner Entlassung für einen richterlich zu bestimmenden Zeitraum und unter richterlich zu bestimmenden Bedingungen einer Aufsicht unterstellt, und die Entlassung bei Nichteinhaltung der Bedingungen oder erneuter Feststellung der Gefährlichkeit widerrufen werden. Bei Minderjährigen bis zu 14 Jahren hat der Richter nach seinem Ermessen die nach Lage des Falles angezeigten Hilfs- und Schutzmaßnahmen zu treffen. Das Gesetz enthält nähere Einzelbestimmungen und die erforderlichen Verfahrensvorschriften.

Was die Verantwortung im Falle der Trunkenheit anlangt, so unterscheidet das Gesetz 1. willentlich oder fahrlässig herbeigeführte Trunkenheit: sie schließt die strafrechtliche Verantwortung nicht aus. Art. 24 Nr. II. 2. durch Zufall oder höhere Gewalt herbeigeführte Trunkenheit: sie führt bei voller Unfähigkeit, den verbrecherischen Charakter der Tat einzusehen oder sich dieser Einsicht entsprechend zu bestimmen, zum Ausschluß der Verantwortung; bei Minderung jener Fähigkeit gewährt das Gesetz einen fakultativen Strafminderungsgrund. Art. 24 §§ 1 und 2. 3. Trunkenheit, die in der Absicht herbeigeführt ist, das Verbrechen zu begehen: sie ist ein obligatorischer Straferhöhungsgrund. Art. 44 Nr. II c. 4. Gewohnheitsmäßige Trunkenheit: sie führt einmal gemäß Art. 78 Nr. III zur Vermutung der Gefährlichkeit des Täters, die Voraussetzung für die Anwendung sichernder Maßnahmen ist, und ferner gemäß Art. 92 Nr. IV zu deren Verhängung.

Die bei der Bestimmung der Zurechnungsfähigkeit in Art. 22 und der der Verantwortung im Falle der Trunkenheit in Art. 24 §§ 1 und 2 gebrauchte Wendung „Einsicht in den verbrecherischen Charakter der Tat" wird dahin ausgelegt, daß es sich um die Einsicht in das Unerlaubte der Tat handele[33]).

In Titel IV, der das Zusammenwirken mehrerer zum Verbrechen behandelt, wird ein einheitlicher Begriff des Urhebers des Verbrechens ohne Unterscheidung von Täter, Anstifter und Gehilfen aufgestellt. Die Motive bemerken hierzu, daß nach dieser Bestimmung für den gesamten strafrechtlichen Erfolg jeder verantwortlich ist, der irgendeine Tätigkeit zu seiner Verwirklichung entfaltet, vorausgesetzt, daß auch die anderen zum Verbrechen mitwirkenden Dritten in den Bereich seines Wissens und Wollens treten. Sie sehen dies ausdrücklich als eine Konsequenz der vom StGB angenommenen Theorie von der Gleichwertigkeit aller Bedingungen an. Der Erfolg, so heißt es, sei seiner Natur nach unteilbar und alle Bedingungen, die zu seiner Verwirklichung mitwirkten, seien gleich. Damit sei der Gedanke zurückgewiesen, daß der Teilnehmer an der strafbaren Handlung des Haupttäters mitwirke. Das Verbrechen sei immer eines und unteilbar, sowohl im Falle der Eintäterschaft als auch im Falle der Beteiligung mehrerer. In subjektiver Hinsicht sei es ausreichend, daß jeder Beteiligte „in irgendeiner Weise mit dem Bewußtsein tätig werde, zur Handlung des anderen beizutragen". Die Art der Beteiligung findet jedoch im StGB bei der Bemessung der Strafe insofern Berücksichtigung, als die Strafe eines Täters nach Art. 45 erhöht wird, wenn er das Zusammenwirken mehrerer bei einem Verbrechen veranlaßt, organisiert oder die Tätigkeit der anderen Beteiligten geleitet hat oder eines der sonstigen im gleichen Artikel aufgeführten, sich auf das Zusammenwirken mehrerer beziehenden Merkmale vorliegt. Auf der anderen Seite wird dem Grade der Beteiligung insofern Rechnung getragen, als es nach Art. 48 Nr. II stets ein die Strafe mindernder Umstand ist, wenn die Mitwirkung bei der Straftat nur von geringer Bedeutung war. Verabredung, Anstiftung, Anreizung und Beihilfe sind nach Art. 27 vorbehaltlich anderweitiger ausdrücklicher Bestimmungen nur strafbar, wenn das Verbrechen wenigstens versucht worden ist. Jedoch können, sofern es nicht zum Versuch gekommen ist, nach Art. 76 sichernde Maßregeln angeordnet werden. Dieser Fall und der bereits erwähnte Fall des absolut untauglichen Versuches (Art. 14) sind die einzigen im Gesetz vorgesehenen Fälle, in welchen ohne Vorliegen eines Straftatbestandes sichernde Maßregeln angeordnet werden können.

Was das Strafensystem anlangt (Titel V), so kennt der Código Hauptstrafen (Kap. I—IV Art. 28 ff.) und Nebenstrafen (Kap. V Art. 67 ff.). Die ersteren sind nach Art. 28 reclusão, die man als schwerste Freiheitsstrafe wohl am ehesten mit der Zuchthausstrafe vergleichen könnte, wenn sie auch mit dieser nicht in allen Punkten übereinstimmt, und detenção, die als

[33]) Vgl. Siqueira a. a. O., Bd. 1, S. 435.

zweitschwerste Freiheitsstrafe mit der gleichen Einschränkung am ehesten mit der Gefängnisstrafe verglichen werden könnte[34]), und Geldstrafe. Das Gesetz betr. Übertretungen kennt außer der Geldstrafe als Hauptstrafe prisão simples, sog. einfaches Gefängnis (Art. 5 des gen. Gesetzes), über dessen Wesen Art. 6 Auskunft gibt. Die Todesstrafe ist im Strafgesetzbuch nicht enthalten, obwohl die z. Z. des Erlasses des StGB geltende, nach dem erwähnten Staatsstreich von 1937 erlassene Verfassung des gleichen Jahres die Todesstrafe — auch abgesehen von der Militärgesetzgebung für die Kriegszeit — in den in Art. 122 Nr. 13 bezeichneten, durch Verfassungsgesetz Nr. 1 am 16. 5. 1938 erweiterten und durch Decret Nr. 431 vom 18. 5. 1938 in einem Punkt wieder eingeschränkten Fällen zuließ. Im StGB des Kaiserreichs von 1830 war die Todesstrafe, wie bereits erwähnt, enthalten, das erste republikanische StGB von 1890 und die Republikanischen Verfassungen von 1891 und 1934 ließen sie jedoch — abgesehen von der Militärgesetzgebung für die Kriegszeit — ebenso wie die jetzt geltende, nach Erlaß des StGB in Kraft getretene neue Verfassung von 1946 Art. 141 § 31 nicht zu.

Die Freiheitsstrafen sind nach dem geltenden Código zeitlich begrenzt. Lebenslängliche Strafen sind auch nach den eben angeführten Verfassungsbestimmungen nicht zulässig. Die Höchstdauer der Freiheitsstrafen ist nach Art. 55 StGB dreißig Jahre. Über die inhaltliche Ausgestaltung der Strafe der reclusão trifft Art. 30, der detenção Art. 31 StGB, der prisão simples, deren Höchstdauer 5 Jahre ist (Art. 10 des Ges. betr. Übertretungen), Art. 6 dieses Gesetzes nähere Bestimmung. Nach Art. 32 des StGB sollen die Strafanstaltsordnungen die Art, Bedingungen und den Umfang der progressiven Vergünstigungen des Gefangenen regeln[34a]).

Was die Geldstrafe anlangt, so ist bei deren Nichtzahlung die Umwandlung in Freiheitsstrafe nur unter bestimmten Voraussetzungen zulässig. Sie kann nach Art. 38 lediglich dann stattfinden, wenn ein rückfälliger Verurteilter nicht Zahlung leistet oder ein zahlungsfähiger Verurteilter die Erhebung vereitelt, und zwar in beiden Fällen nur bis zu einem Höchstbetrag von detenção (Gefängnis) von einem Jahre. Sind diese Voraussetzungen nicht gegeben, und ist der Verurteilte absolut zahlungsunfähig, so ist nach Art. 39 von der Beitreibung abzusehen und diese erst vorzunehmen, wenn die wirtschaftliche Lage des Verurteilten es zuläßt.

In den Art. 42 ff. behandelt das Gesetz eingehend die für die Bemessung der Strafe wesentlichen Gesichtspunkte. Nach der grundlegenden Strafbemessungsregel des Art. 42 hat der Richter die Strafe unter Berücksichtigung des Vorlebens und der Persönlichkeit des Täters, der Stärke des Vorsatzes oder des Grades der Fahrlässigkeit, der Beweggründe, der Begleitumstände und der Folgen des Verbrechens zu bestimmen. Die Art. 44 ff. enthalten eine eingehende Aufzählung der obligatorischen straferhöhenden Umstände, von denen in den bisherigen Ausführungen bereits ein Teil erwähnt worden ist. Hierbei findet auch der gleichartige und ungleichartige Rückfall eine eingehende Behandlung. Art. 48 enthält die Zusammenstellung der obligatorischen strafmindernden Umstände. Besonders sei hierbei auf die Strafminderungsvorschrift des Art. 48 Nr. IV e bei

---

34) In meiner Abhandlung „Strafgesetzgebung in Brasilien“, Zeitschr. f. d. ges. Strafrechtswiss., Bd. 64 (1952), S. 523, war für reclusão die Bezeichnung Gefängnis, für detenção die Bezeichnung Haft gewählt worden. Der Vergleich mit Zuchthaus bzw. Gefängnis erscheint aber treffender.

34a) Hinsichtlich des Strafvollzuges in Brasilien vgl. Jaques-Bernard Herzog „Le système pénitentiaire du Brésil“ in „Les grands systèmes pénitentiaires actuels“ publié sous la direction de Louis Hugueney, Donnedieu de Vabres et Marc Ancel, Paris 1950, S. 83 ff.

Massenverbrechen hingewiesen. Darüber hinaus enthält der Besondere Teil des StGB bei den einzelnen Verbrechen qualifizierende und privilegierende Momente.

Art. 51 behandelt die Realkonkurrenz, für die das Kumulationsprinzip, die Idealkonkurrenz, für die grundsätzlich das Asperationsprinzip, falls jedoch die idealkonkurrierenden Straftaten vorsätzlich begangen und aus selbständigen Entschlüssen entstanden sind, das Kumulationsprinzip, und die fortgesetzte Straftat, für die das Asperationsprinzip gilt.

Die Art. 57 ff. behandeln die bedingte Strafaussetzung. Das Verdienst, die Initiative zur Einführung dieses Instituts in Brasilien ergriffen zu haben, kommt Esmaraldino Bandeira zu, der im Jahre 1906 der Deputiertenkammer einen entsprechenden, nach dem Vorbild der Loi Béranger formulierten Gesetzesentwurf vorlegte, der jedoch nicht zur Annahme gelangte. Das Institut wurde dann erstmalig durch Regierungsdecret Nr. 16.588 vom September 1924, das auf Grund der durch Gesetz Nr. 4.577 vom 5. 9. 1922 gewährten Ermächtigung erlassen war, eingeführt. Die Motive des Dekretes führten aus, daß das französische System des „sursis" dem englischen der „probation" vorgezogen worden sei. Das geltende StGB nahm wesentliche Änderungen gegenüber der bisherigen Gesetzgebung vor.

In Art. 60 ff. ist eingehend die bedingte Entlassung geregelt. Sie ist in Brasilien erstmalig durch den Código Penal von 1890 Art. 50—52 eingeführt worden, gelangte aber in der Praxis nicht zur Anwendung. Hierzu kam es erst, als das Institut durch das Dekret Nr. 16.665 vom 6. 11. 1929, das ebenfalls auf Grund der oben erwähnten Ermächtigung des Gesetzes vom 5. 9. 1922 erlassen worden war, eine eingehende Neuregelung gefunden hatte. Diese erlitt durch das Dekret Nr. 24.351 vom 6. 6. 1934 eine Änderung, indem nunmehr eine Verurteilung zu einer Strafe von mehr als einem Jahr anstelle von bisher 4 Jahren genügte. Art. 60 des geltenden Código verlangt eine Strafe von mehr als 3 Jahren.

Als Nebenstrafen sind in Art. 67 ff. vorgesehen: Verlust des öffentlichen Amtes, Untersagung der Ausübung von Rechten, Veröffentlichung des Urteils.

Aus dem Kapitel über die Wirkungen der Verurteilung ist die Vorschrift des Art. 74 Nr. I hervorzuheben, nach welcher durch die Verurteilung die Verpflichtung zum Ersatz des durch das Verbrechen herbeigeführten Schadens festgestellt ist.

Sichernde Maßnahmen sind in Brasilien erstmalig durch den geltenden Código und zwar, wie die Motive unter Nr. 33 ausdrücklich hervorheben, nach dem Vorbild des italienischen StGB von 1930 eingeführt worden. Der sie behandelnde Titel VI Art. 75 ff. zerfällt in einen allgemeinen und einen besonderen Teil. Voraussetzung für die Verhängung sind nach Art. 76 die Vornahme einer Handlung, die den Tatbestand eines Verbrechens erfüllt, und die Gefährlichkeit des Handelnden. Von der ersteren Voraussetzung gibt es die beiden bereits erwähnten Ausnahmen, den Fall des absolut untauglichen Versuchs (Art. 14) und der Verabredung, Bestimmung oder Anreizung und Hilfeleistung zu einem Verbrechen, falls es nicht zum Versuch gekommen ist (Art. 27), Fälle, in denen eine Straftat nach dem Gesetz nicht vorliegt, wohl aber sichernde Maßnahmen verhängt werden können. Gefährlichkeit liegt nach Art. 77 vor, wenn die Persönlichkeit des Täters, sein Vorleben, die Beweggründe und Umstände der Tat die Annahme rechtfertigen, daß er erneut straffällig werden wird. In gewissen in Art. 78 aufgeführten Fällen besteht eine Vermutung für die Gefährlichkeit. Nach Art. 81 ist das Fortbestehen der Gefährlichkeit während des Vollzugs der Maßregel zu bestimmten Zeiten nachzuprüfen.

Im besonderen Teil dieses Abschnittes werden die Maßregeln in sachliche (Untersagung eines Unternehmens, Konfiskation usw.) und persönliche eingeteilt, die wiederum mit Freiheitsentziehung verbunden sein können, wie Unterbringung in einer gerichtlichen Irrenanstalt, Heil- und Pflegeanstalt, landwirtschaftlichen Niederlassung oder einem Arbeitshaus, oder ohne Freiheitsentziehung vollzogen werden, wie Schutzaufsicht, Verbot des Verkehrs in bestimmten Lokalen und Ortsverweisung. Das Gesetz bestimmt im einzelnen, welche der Maßnahmen jeweils anzuwenden sind, ihr Wesen und ihren Inhalt, die Art des Vollzugs, ihre Mindestdauer und die Bewährungszeit nach der Entlassung. Nach Art. 13 des Gesetzes betr. Übertretungen vom 3. 10. 1941 sind die sichernden Maßnahmen mit Ausnahme der Ortsverweisung auch bei Übertretungen anwendbar.

Der bereits eingangs erwähnte Abschnitt „Strafklage" Titel VII Art. 102 ff. enthält Bestimmungen über öffentliche Klage, Privatklage und Strafantrag.

Titel VIII Art. 108 ff., der letzte Titel des Allgemeinen Teils, handelt vom Erlöschen der Strafbarkeit, eine Bezeichnung, die, wie die Motive ausdrücklich sagen, dem Ausdruck „Erlöschen der Strafklage" vorgezogen wurde. Tatsächlich enthält der Abschnitt auch Fälle echten Erlöschens der Strafbarkeit. Außer der Verjährung werden angeführt Tod des Beschuldigten, Amnestie, Begnadigung, Rückwirkung eines eine Handlung nicht mehr für strafbar erklärenden Gesetzes, Ablauf der Ausschlußfrist, Erlöschen der Klage, Verzicht oder Verzeihung bei Privatklagedelikten, Rehabilitierung, Widerruf in den vom Gesetz vorgesehenen Fällen (Beleidigung gemäß Art. 143 StGB), Heirat mit der Verletzten bei gewissen Sittlichkeitsdelikten, Wiedergutmachung des Schadens in einem Sonderfalle (peculato culposo Art. 312 §§ 2, 3 StGB).

Was die Systematik des Besonderen Teils des StGB anlangt, so beginnt das Gesetz mit den Straftaten gegen den einzelnen und behandelt dann diejenigen gegen die Allgemeinheit. Die Staatsverbrechen sind, wie bereits erwähnt, nicht im StGB enthalten, sondern gemäß Art. 360 der Spezialgesetzgebung überlassen. —

Die Übertretungen sind in der mehrfach erwähnten, 72 Artikel umfassenden „Lei das Contravenções Penais" vom 3. Oktober 1941, in Kraft getreten am 1. Januar 1942, enthalten. Sie bestimmt selbst, ebenso wie das StGB, nichts darüber, welches der Unterschied von Verbrechen und Übertretungen ist. Wohl aber gibt das für beide Gesetze bestimmte Einführungsgesetz (Lei de introdução do Código Penal e da Lei das Contravenções Penais) Decreto Lei Nr. 3.914 vom 9. 12. 1941 in Art. 1 eine formale, an den angedrohten Strafen orientierte Unterscheidung. Danach ist Verbrechen eine Straftat, die das Gesetz mit reclusão oder detenção, sei es ausschließlich, sei es alternativ oder kumulativ mit Geldstrafe bedroht, während Übertretung eine Straftat ist, die das Gesetz isoliert mit einfachem Gefängnis (prisão simples) oder mit Geldstrafe bestraft oder kumulativ oder alternativ mit beiden Strafen. Die Motive zum StGB führen hierzu aus, daß kein wesensmäßiger Unterschied, sondern nur ein solcher des Grades oder der Quantität zwischen Verbrechen und Übertretungen bestehe. In der wissenschaftlichen Literatur sind jedoch auch in Brasilien unter Verwertung ausländischer Literatur Versuche unternommen worden, ein sachliches Kriterium für die Unterscheidung beider Arten von Straftaten zu finden[35]), ohne daß sich jedoch eine einheitliche Meinung herausgebildet hätte.

Das Gesetz zerfällt in einen allgemeinen und einen besonderen Teil. Nach Art. 1 finden auf Übertretungen die Bestimmungen des Allgemeinen Teils des Código Penal Anwendung, soweit nicht das Gesetz etwas anderes bestimmt. An solchen Sonderbestimmungen sind besonders hervorzuheben, daß Übertretungen grundsätzlich nur bei Begehung im Inland dem brasilianischen Gesetz unterfallen (Art. 2), daß für das Vorhandensein einer Übertretung grundsätzlich ein gewolltes Tun oder Unterlassen genügt und es auf Vorsatz oder Fahrlässigkeit nur ankommt, wenn das Gesetz von dem einen oder anderen Rechtswirkungen abhängen läßt[36]) (Art. 3), daß der Versuch straflos ist (Art. 4), daß, wie bereits erwähnt, im Falle des entschuldbaren Rechtsirrtums von Strafe abgesehen werden kann. Rückfall liegt vor, wenn der Täter eine Übertretung begeht, nachdem er im Inland oder Ausland wegen eines Verbrechens oder im Inland wegen einer Übertretung rechtskräftig verurteilt worden ist (Art. 9). Hauptstrafen sind nach Art. 5, wie erwähnt, einfaches Gefängnis (prisão simples), dessen Vollzug in Art. 6 geregelt ist und dessen Höchstdauer 5 Jahre beträgt, und Geldstrafe. Über die bedingte Strafaussetzung enthält Art. 11, über die Umwandlung von Geldstrafe in einfaches Gefängnis Art. 9 nähere Bestimmungen. Nebenstrafen sind nach Art. 12 die Veröffentlichung des Urteils und die Untersagung der Ausübung bestimmter Rechte. Daß die Maßregeln der Sicherung mit Ausnahme der Ortsverweisung auch hier anwendbar sind (Art. 13), ist schon hervorgehoben worden (Näheres in Art. 14—16).

Die Verfolgung von Übertretungen erfolgt im Wege der öffentlichen Klage von Amts wegen (Art. 17).

Der besondere Teil behandelt die einzelnen Übertretungen in acht Gruppen und zwar diejenigen, die sich auf die Person, das Vermögen, die öffentliche Sicherheit vor Gefahren, den öffentlichen Frieden, den öffentlichen Glauben, die Organisation der Arbeit, die guten Sitten (Spiel, Lotterie, Müßiggang, Bettelei, Trunkenheit, Tierquälerei, Ruhestörung usw.), und die öffentliche Verwaltung beziehen. —

Bei der vorliegenden Übersetzung des Código Penal ging das Bemühen dahin, die in Terminologie, Idiomatik und Stilistik von der deutschen, oft sehr abweichende Ausdrucksweise, soweit möglich, der deutschen Gesetzessprache anzupassen. Besondere Schwierigkeiten ergaben sich dort, wo entsprechende Begriffe und Tatbestände im deutschen Recht nicht vorhanden sind. Zuweilen mußte hier anstelle eines im Text enthaltenen technischen Ausdrucks eine Umschreibung gewählt werden, da die Übersetzung den Sinn des Ausdrucks nicht verständlich gemacht hätte, z. B. peculato culposo Art. 312 § 2, advocacia administrativa Art. 321 usw. An einzelnen Stellen des Gesetzes schien es zweckmäßig, in Anmerkungen einige Hinweise, insbesondere auf andere gesetzliche Bestimmungen, zu geben. Die nicht immer treffenden Artikel- und Paragraphenüberschriften gehören zum amtlichen Text des Gesetzes.

---

35) Vgl. Sady Cardoso de Gusmão „Das Contravenções Penais", Comentário, Rio de Janeiro, 1942, S. 16 ff., 21 ff.

36) Vgl. hierzu Cardoso a. a. O., S. 45.

Einleitung

Im Folgenden sei einiges aus der reichhaltigen, nach dem Erlaß des Código Penal entstandenen Literatur angeführt.

a) **Lehrbücher und Kommentare.**

C. J. de Assis Ribeiro: História do direito penal brasileiro 1943.
Bento de Faría: Código Penal Brasileiro, 1942—1943, 5 vols.
Carlos Xavier: Estatutos penais, 1941.
R. Nonato Cruz: O novo código penal e a lei de contravenções, 1941.
Jorge Severiano Ribeiro: Código Penal, 1941 und 1944, 4 vols.
Oscar Tenório u. and. Mitarbeiter: Tratado de direito penal, ed. Jacinto, 1942—1943, 10 vols.
Nelson Hungria u. and. Mitarbeiter: Comentários ao Código Penal, ed. da Revista Forense, 1942—1949.
O novo código penal, conferenências realizadas na Faculdade de Diretto de São Paulo, 2 vols. 1942.
Ribeiro Pontes: Comentários ao Código Penal, 1942, 2 vols.
Ribeiro de Souza: O Código Penal, 1943.
Leão Starling: Teoria e Prática Penal, 1942.
Assis Ribeiro: Comentários à nova legislação penal brasileira, 1942.
Theolindo Castiglione: Código Penal Brasileiro (Comentado) sob a orientação do jurisconsulto. 1947—1950.
Oliveira e Silva: Inovação do novo Código Penal, 1942.
Roberto Lyra: Noções de direito criminal, 2 vols. 1944—1946.
Roberto Lyra: Introdução ao estudo do direito criminal, 1946.
Galdino Siqueira: Tratado de direito penal, 2a edição, 4 vols. 1950 (mit reichhaltigen Literaturangaben, auch zur älteren Gesetzgebung).
Sadi Cardoso de Gusmão: Das Contravenções Penais, Comentário 1942.
José Duarte: Comentários à Lei das Contravenções, 1944.
Plácido de Sá Carvalho: Código de proceso penal, interpretado pelos Tribunais. Rio de Janeiro.
Amador Cysneiros: Código Penal Militar 1942, 2 vols.
Silvio Martins Teixeira: Novo Código Penal Militar do Brasil 1946.

b) **Monographien.**

J. de M. Drumond: Aspectos do problema penal brasileiro.
Jorge Alberto Romeiro: Da Ação penal 1949.
Carlos Xavier: Dos crimes contra o patrimônio, arts. 155 a 207, 1942.
Edgard Magalhães Noronha: Crimes contra o patrimônio 1948.
Sadi Cardoso de Gusmão: De coautoria no novo direito penal brasileiro, 1944.
Odin J. do Brasil Americano: Legítima defesa 1949.
Pedro Vergara: Delito de homicídio, 1. vol., 1945.
Pedro Vergara: Das circunstâncias agravantes, 1948.
Pedro Vergara: Das penas principais e sua aplição, 1948.
Pedro Vergara: Das circunstâncias atenuantes, 1948.
Leonídio Ribeiro: O novo Código Penal e a medicina legal, 1942.
Raul Machado: A culpa no direito penal, 1943.
Souza Neto: O Motivo e o dolo 1949.
Raul Machado: Delitos contra a ordem política e social, 1944.

Francisco de Paula Baldessarini: Dos Crimes contra a incolumidade pública, a paz pública, a fé pública, 1943.

Beni de Carvalho: Dos crimes contra a religião, os costumes e a família, 1943.

Jorge Sevíeriano Ribeiro: Do crime da responsabilidade, da co-autoria 1943.

Edgard Magalhães Noronha: Crimes contra os costumes, 1943.

Odin Brasil Americano: Dos crimes contra os costumes, 1943.

Ivair Nogueira Itagiba: Do homicídio, 1945.

Flávio Queirós de Morais: Delito de rixa, 1946.

Benjamin Vieira: Delitos de contaminação, 1941.

Jorge Severiano: Dos crimes e infrações no direito do trabalho, 1945.

Assis Ribeiro: Lesões corporais no crime e no cível, 1944.

J. B. de Oliveira e Costa Junior: Das lesões corporais 1949.

Oliveira e Silva: Da Calúnia e injúria, 2a edicão

Hélio Tornaghi: A questão do crime formal, 1944.

Benjamin de Morais: A norma penal, 1945.

Oscar Stevenson: Da exclusão de crime, 1941.

Nelson Hungria: Novas questões jurídico-penais, 1945.

Raimundo Macedo: Da extinção de punibilidade, 1946.

L. M. Bandeira de Melo: Responsibilidade penal, 1941.

Lemos Brito: Do poder de agraciar, 1942.

Dídimo de Morais: Peculato, 1941.

Luis Magalhães: A medida da pena, 1946.

Tavares de Lira: A prerogativa da graça no direito brasileiro, 1943.

José Luis Sales: Da suspensão condicional da pena, 1945.

L. C. Vasconselos: Do infanticídio, 1946.

Nilton Sales: Infanticídio, 1948.

Clovis Costa Rodrigues: Concorrência desleal, 1945.

Nelson Martins Ferreira: Dos crimes contra a economia popular 1950.

c) **Zeitschriften.**

Revista de Jurisprudência de Raja Gabaglia (erscheint jetzt nicht mehr).

Revista Brasileira de Criminologia, sob a direção de Roberto Lyra.

Revista de Direito, Rio de Janeiro.

Revista Forense, Rio de Janeiro.

Direito, Rio de Janeiro.

Arquivo Judiciário, Rio de Janeiro.

Revista dos Tribunais de S. Paulo e outros.

Arquivos de Manicômio Judiciário do Rio de Janeiro.

Arquivos do Instituto Médico Legal e do Gabinete de Identificação do Rio de Janeiro.

Arquivos de Medicina Legal do Rio de Janeiro.

Für wertvolle Hilfe beim Lesen der Korrekturen bin ich Herrn Referendar Klaus Lotz, Freiburg i. Br., zu Dank verpflichtet.

Freiburg i. Br., im Juni 1953.

Dietrich Lang-Hinrichsen

Strafgesetzbuch

Der Präsident der Republik erläßt auf Grund der ihm durch Artikel 180 der Verfassung eingeräumten Befugnis das folgende Gesetz:

Allgemeiner Teil

I. Titel

Anwendung des Strafgesetzes

(Vorheriger Erlaß des Gesetzes)

Art. 1. Eine Handlung ist nur strafbar, wenn dies vorher durch Gesetz bestimmt ist. Eine Strafe ist nur zulässig, wenn sie vorher durch Gesetz angedroht ist.

(Zeitliche Geltung des Strafgesetzes)

Art. 2. Niemand kann wegen einer Handlung bestraft werden, die ein späteres Gesetz straflos läßt. Vollstreckung und Straffolgen eines verurteilenden Erkenntnisses entfallen.

Einziger Paragraph. Ein nach der Tat in Kraft getretenes Gesetz, das in sonstiger Weise für den Täter günstiger ist, findet auf eine noch nicht rechtskräftig abgeurteilte Tat und, soweit es eine mildere Strafe androht, auch auf eine durch rechtskräftiges verurteilendes Erkenntnis bereits abgeurteilte Tat Anwendung.

Art. 3. Ein Ausnahme- oder Zeitgesetz findet auf die während seiner Geltung begangenen Straftaten Anwendung, auch wenn die besonderen für seinen Erlaß maßgebenden Umstände fortgefallen sind oder die Geltungsdauer abgelaufen ist.

(Ort des Verbrechens)

Art. 4. Die brasilianischen Strafgesetze werden unbeschadet etwaiger Vereinbarungen, Verträge und Grundsätze des internationalen Rechts auf Verbrechen angewandt, die ganz oder teilweise im Inland begangen sind oder deren Erfolg, wenn auch nur teilweise, im Inland eingetreten ist oder eintreten sollte.

(Auslandstaten)

Art. 5. Die brasilianischen Gesetze finden Anwendung auf im Ausland begangene

I. Verbrechen:

a) gegen Leben oder Freiheit des Präsidenten der Republik,

b) gegen den Kredit oder das öffentliche Vertrauen von Union, Staat oder Gemeinde,

c) gegen Bundes-, Staats- oder Gemeindevermögen,

d) gegen die öffentliche Verwaltung, begangen durch eine Person, die in deren Dienst steht.

II. Verbrechen:

a) welche Brasilien gemäß Vertrag oder Vereinbarung zu bestrafen verpflichtet ist,

b) die von einem Brasilianer begangen sind.

§ 1. In den Fällen der Nr. I wird der Täter nach den brasilianischen Gesetzen bestraft, auch wenn er im Ausland freigesprochen oder verurteilt worden ist.

§ 2. In den Fällen der Nr. II hängt die Anwendung der brasilianischen Gesetze von dem Zusammentreffen folgender Voraussetzungen ab:

a) daß der Täter im Inland betroffen wird,

b) daß die Tat auch in dem Staat, in welchem die Handlung begangen wurde, strafbar ist,

c) daß das Verbrechen zu jenen gehört, bei welchen die Auslieferung auf Grund der brasilianischen Gesetze zulässig ist,

d) daß der Täter im Ausland weder freigesprochen worden ist, noch die Strafe verbüßt hat,

e) daß der Täter im Auslande weder begnadigt worden noch aus einem anderen Grunde die Strafbarkeit nach dem für den Täter günstigsten Gesetz erloschen ist.

§ 3. Die brasilianischen Gesetze finden Anwendung auch auf ein von einem Ausländer gegen einen Brasilianer außerhalb Brasiliens begangenes Verbrechen, wenn die im vorangegangenen Paragraphen bezeichneten Voraussetzungen erfüllt sind und

a) die Auslieferung nicht nachgesucht oder verweigert wurde;

b) ein Ersuchen des Justizministers vorliegt.

(Strafverbüßung im Ausland)

Art. 6. Eine im Ausland vollzogene Strafe mindert die in Brasilien wegen desselben Verbrechens verhängte Strafe, wenn die Strafen verschiedenartig sind; sie wird auf diese angerechnet, wenn die Strafen gleichartig sind.

(Wirkung eines ausländischen Urteils)

Art. 7. Ein ausländisches Urteil kann, sofern die Anwendung brasilianischer Gesetze zu der Art nach gleichen Folgen führt, in Brasilien anerkannt werden, um

I. den Verurteilten wegen Schadensersatz, Rückerstattung und anderer zivilrechtlicher Folgen zu belangen;

II. Nebenstrafen und auf die Person bezügliche Maßregeln der Sicherung zu verhängen.

Einziger Paragraph. Die Anerkennung setzt voraus:

a) hinsichtlich der in Nr. I bezeichneten Folgen einen Antrag der interessierten Partei;

b) hinsichtlich der sonstigen Folgen das Bestehen eines Auslieferungsvertrages mit dem Staat, dessen Gericht das Urteil erlassen hat, oder in Ermangelung eines Vertrages ein Ersuchen des Justizministers.

(Fristberechnung)

Art. 8. Bei der Berechnung einer Frist wird der Tag des Beginnes mitgerechnet.

Tage, Monate und Jahre werden nach dem Kalender bestimmt.

(Nichtberechnung von Bruchteilen bei der Strafe)

Art. 9. Bei der Freiheitsstrafe bleiben Bruchteile eines Tages, bei der Geldstrafe Bruchteile von zehn Cruzeiros unberücksichtigt.

(Anwendung auf andere Gesetze)

Art. 10. Der allgemeine Teil dieses Gesetzbuchs findet auf strafbare Handlungen, die in anderen Gesetzen geregelt sind, Anwendung. sofern nicht in ihnen etwas anderes bestimmt ist.

II. Titel
Verbrechen

(Kausalzusammenhang)

Art. 11. Der Erfolg, von dem das Vorhandensein eines Verbrechens abhängt, ist nur demjenigen zuzurechnen, der ihn verursacht hat. Ursache ist das Tun oder Unterlassen, ohne welches der Erfolg nicht eingetreten wäre.

(Hinzutreten von Bedingungen, die vom Täter unabhängig sind)

Einziger Paragraph. Bei Hinzutreten einer Bedingung, die vom Täter unabhängig ist, wird die Zurechnung ausgeschlossen, wenn sie allein von sich aus den Erfolg herbeigeführt hat; die ihr vorangehenden Handlungen werden demjenigen zugerechnet, der sie vorgenommen hat.

(Vollendung und Versuch)

Art. 12. Ein Verbrechen ist:

I. vollendet, wenn alle Merkmale des gesetzlichen Tatbestandes erfüllt sind;

II. versucht, wenn seine Ausführung begonnen, aber durch Umstände, die von dem Willen des Täters unabhängig waren, nicht zur Vollendung gekommen ist.

(Bestrafung des Versuchs)

Einziger Paragraph. Unbeschadet anderweitiger Bestimmungen wird der Versuch mit der dem vollendeten Verbrechen entsprechenden Strafe geahndet, vermindert um ein bis zwei Drittel.

(Freiwilliger Rücktritt und tätige Reue)

Art. 13. Der Täter, der freiwillig die Vollendung des Verbrechens aufgibt oder den Eintritt des Erfolges verhindert, ist nur für die bereits vollendeten Handlungen verantwortlich.

(Untauglicher Versuch)

Art. 14. Der Versuch ist straflos, wenn die Vollendung des Verbrechens wegen absoluter Untauglichkeit des Mittels oder absoluter Untauglichkeit des Objekts unmöglich ist (Artikel 76 einziger Paragraph und Artikel 94 Nr. III).

(Vorsätzliches und fahrlässiges Verbrechen)

Art. 15. Ein Verbrechen ist:

I. vorsätzlich begangen, wenn der Täter den Erfolg wollte oder die Gefahr auf sich nahm, ihn herbeizuführen;

II. fahrlässig begangen, wenn der Täter den Erfolg durch Unvorsichtigkeit, Nachlässigkeit oder Unerfahrenheit verursachte.

Einziger Paragraph. Sofern das Gesetz nicht etwas anderes bestimmt, ist eine als Verbrechen bezeichnete Tat nur strafbar, wenn sie vorsätzlich begangen ist.

(Rechtsunkenntnis oder Rechtsirrtum)

Art. 16. Unkenntnis oder irrige Auslegung des Gesetzes befreien nicht von Strafe.

(Tatirrtum)

Art. 17. Frei von Strafe ist, wer das Verbrechen im Irrtum über den Sachverhalt begeht, der das Verbrechen begründet, oder wer in einem durch die Umstände vollkommen gerechtfertigten Irrtum einen Sachverhalt annimmt, der, wenn er vorläge, die Handlung rechtfertigen würde.

(Verschuldeter Irrtum)

§ 1. Straffreiheit tritt nicht ein, wenn der Irrtum auf Fahrlässigkeit beruht und fahrlässige Begehung unter Strafe gestellt ist.

(Hervorrufen des Irrtums durch einen Dritten)

§ 2. Ist der Irrtum durch einen Dritten hervorgerufen worden, so ist dieser für das Verbrechen verantwortlich.

(Irrtum über die Person)

§ 3. Der Irrtum über die Person, gegen die das Verbrechen begangen wurde, befreit nicht von Strafe. In diesem Falle sind nicht die Verhältnisse und Eigenschaften des Verletzten zu berücksichtigen, sondern diejenigen der Person, gegen welche der Täter das Verbrechen begehen wollte.

(Unwiderstehlicher Zwang und Gehorsam gegenüber einem Befehl)

Art. 18. Wird ein Verbrechen unter unwiderstehlichem Zwang oder in striktem Gehorsam gegenüber einem nicht offensichtlich rechtswidrigen Befehl eines dienstlichen Vorgesetzten begangen, so ist nur der Urheber des Zwanges oder des Befehls strafbar.

(Ausschluß der Strafbarkeit)

Art. 19. Ein Verbrechen ist nicht vorhanden, wenn der Täter die Tat begeht

I in Notstand,

II in Notwehr,

III in strikter Erfüllung einer gesetzlichen Pflicht oder in gesetzmäßiger Ausübung eines Rechts.

(Notstand)

Art. 20. In Notstand handelt, wer eine Tat begeht, um ein eigenes oder fremdes Recht, dessen Aufopferung ihm nach den Umständen vernünftigerweise nicht zugemutet werden kann, aus einer von ihm nicht willentlich hervorgerufenen, auf andere Weise nicht abwendbaren Gefahr zu retten.

§ 1. Auf Notstand kann sich nicht berufen, wer die Rechtspflicht hatte, die Gefahr zu bestehen.

§ 2. Wenn die Aufopferung des bedrohten Rechts vernünftigerweise zugemutet werden konnte, kann der Richter die Strafe um ein bis zwei Drittel herabsetzen.

(Notwehr)

Art. 21. In Notwehr handelt, wer in maßvoller Weise die notwendigen Mittel anwendet, um einen gegenwärtigen oder drohenden rechtswidrigen Angriff auf ein eigenes oder fremdes Recht abzuwehren.

(Fahrlässige Notwehrüberschreitung)

Einziger Paragraph. Ein Täter, der fahrlässig die Grenzen der Notwehr überschreitet, ist für die Handlung verantwortlich, wenn die fahrlässige Begehung des Verbrechens unter Strafe gestellt ist.

III. Titel

Strafrechtliche Verantwortung

(Ausschluß der Verantwortung)

Art. 22. Straffrei ist ein Täter, der infolge von Geisteskrankheit oder noch nicht abgeschlossener oder verzögerter geistiger Entwicklung zur Zeit des Tuns oder Unterlassens gänzlich unfähig war, den verbrecherischen Charakter der Tat einzusehen oder sich dieser Einsicht gemäß zu verhalten.

(Fakultative Herabsetzung der Strafe)

Einziger Paragraph. Die Strafe kann um ein bis um zwei Drittel herabgesetzt werden, wenn der Täter infolge von Störung der geistigen Gesundheit oder noch nicht abgeschlossener oder verzögerter geistiger Entwicklung zur Zeit des Tuns oder Unterlassens nicht im vollen Besitz der Fähigkeit war, den verbrecherischen Charakter der Tat einzusehen oder sich dieser Einsicht gemäß zu verhalten.

(Minderjährige unter 18 Jahren)

Art. 23. Minderjährige unter 18 Jahren sind strafrechtlich nicht verantwortlich; auf sie finden die in besonderen Gesetzen enthaltenen Bestimmungen Anwendung.

(Erregung und Leidenschaft. Trunkenheit)

Art. 24. Die strafrechtliche Verantwortlichkeit schließen nicht aus:

I. Erregung oder Leidenschaft;

II. freiwillig oder fahrlässig durch Alkohol oder mit ähnlichen Wirkungen verbundene Stoffe herbeigeführte Trunkenheit.

§ 1. Straffrei ist der Täter, der infolge einer durch Zufall oder höhere Gewalt entstandenen Volltrunkenheit zur Zeit des Tuns oder Unterlassens vollkommen unfähig war, den verbrecherischen Charakter der Tat einzusehen oder sich dieser Einsicht gemäß zu verhalten.

§ 2. Die Strafe kann um ein bis um zwei Drittel herabgesetzt werden, wenn der Täter infolge einer durch Zufall oder höhere Gewalt entstandenen Trunkenheit zur Zeit des Tuns oder Unterlassens nicht im vollen Besitz der Fähigkeit war, den verbrecherischen Charakter der Tat einzusehen oder sich dieser Einsicht gemäß zu verhalten.

IV. Titel

Zusammenwirken

(Strafe bei Zusammenwirken)

Art. 25. Wer in irgendeiner Weise bei dem Verbrechen mitwirkt, verwirkt die für dieses Verbrechen angedrohten Strafen.

(Nichtzurechnung besonderer Umstände)

Art. 26. Umstände persönlichen Charakters werden, außer wenn sie zu den Wesensmerkmalen des Verbrechens gehören, den übrigen Beteiligten nicht zugerechnet.

(Fälle der Straflosigkeit)

Art. 27. Verabredung, Bestimmung oder Anstiftung und Beihilfe werden, soweit nicht ausdrücklich etwas anderes bestimmt ist, nur bestraft, wenn das Verbrechen wenigstens versucht worden ist (Art. 76 einziger Paragraph).

V. Titel

Strafen

I. Kapitel

Hauptstrafen

(Hauptstrafen)

Art. 28. Hauptstrafen sind:

I. Zuchthaus,
II. Gefängnis,
III. Geldstrafe.

I. Abschnitt

Zuchthaus und Gefängnis

(Gemeinschaftliche Bestimmungen für Freiheitsstrafen)

Art. 29. Zuchthaus- und Gefängnisstrafen sind in Zellenstrafanstalten oder in deren Ermangelung in besonderen Abteilungen sonstiger Gefangenenanstalten zu verbüßen.

§ 1. Der Verurteilte ist zu Arbeit verpflichtet, die zu vergüten ist; während der Nachtruhe sind die Gefangenen getrennt.

§ 2. Frauen verbüßen die Strafe in besonderen Anstalten oder in deren Ermangelung in einer geeigneten Abteilung einer Zellenstrafanstalt oder sonstigen Gefangenenanstalt; sie sind zu Innenarbeit verpflichtet.

§ 3. Zuchthaus- und Gefängnisstrafen, die durch die Justizbehörden eines Einzelstaates verhängt sind, können in Anstalten eines anderen Einzelstaates oder der Union vollzogen werden.

(Zuchthaus)

Art. 30. Im ersten Abschnitt der Verbüßung der Zuchthausstrafe bleibt der Gefangene, sofern sein Zustand es gestattet, für einen Zeitraum von nicht mehr als drei Monaten auch während des Tages von den anderen Gefangenen getrennt.

§ 1. Der Gefangene hat sodann Gemeinschaftsarbeit innerhalb der Anstalt oder Außenarbeit in öffentlichen Werken oder Diensten zu verrichten.

§ 2. Der Gefangene kann bei guter Führung in eine Strafkolonie oder ähnliche Einrichtung überführt werden:

I. wenn er bereits die Hälfte der Strafe, sofern diese drei Jahre nicht überschreitet, verbüßt hat;

II. wenn er bereits ein Drittel der Strafe, sofern diese drei Jahre überschreitet, verbüßt hat.

§ 3. Bei Zuchthausstrafe ist bedingter Strafaufschub nur zulässig, wenn der Verurteilte jünger als einundzwanzig Jahre oder älter als siebzig Jahre ist und die Strafe nicht mehr als zwei Jahre beträgt.

(Gefängnis)

Art. 31. Der zu Gefängnisstrafe Verurteilte ist stets von den zu Zuchthausstrafe Verurteilten getrennt zu halten und unterliegt nicht im ersten Abschnitt der Verbüßung der Trennung von anderen Gefangenen während des Tages.

Einziger Paragraph. Die Arbeit kann von dem Gefangenen im Einklang mit seinen Fähigkeiten und seiner früheren Tätigkeit gewählt werden, sofern sie erzieherischen Wert hat.

(Anstaltsordnungen)

Art. 32. Die Anstaltsordnungen haben Art, Voraussetzungen und Umfang der stufenweisen Vergünstigungen sowie die Beschränkungen und Disziplinarstrafen für den Gefangenen zu bestimmen, dürfen aber in keinem Falle zu Maßnahmen ermächtigen, die die Gesundheit gefährden oder die Menschenwürde verletzen.

Einziger Paragraph. Abgesehen von den Vorschriften des Art. 30 oder dem Fall, daß ein wichtiges Interesse an der Aufrechterhaltung der Disziplin es erfordert, ist eine Trennung von anderen Gefangenen außerhalb der Stunden der Nachtruhe nicht zulässig.

(Eintritt einer geistigen Erkrankung)

Art. 33. Ein Verurteilter, der in eine geistige Erkrankung verfällt, ist in einer gerichtlichen Irrenanstalt oder, in Ermangelung einer solchen, in einer anderen geeigneten Anstalt, in der seine Obhut gesichert ist, unterzubringen.

(Zeit der Untersuchungshaft oder der Unterbringung in einem Hospital)

Art. 34. In die Freiheitsstrafe wird die Zeit der in Brasilien oder im Ausland erlittenen Präventiv- oder Untersuchungshaft und der Unterbringung in einer Kranken- oder Irrenanstalt eingerechnet.

II. Abschnitt

Geldstrafe

(Geldstrafe)

Art. 35. Die Geldstrafe besteht in der in Form von Strafmarken vorzunehmenden Entrichtung des im Urteil bestimmten Betrages.

(Zahlung der Geldstrafe)

Art. 36. Die Geldstrafe ist innerhalb von zehn Tagen nach Rechtskraft des Urteils zu zahlen. Der Richter kann jedoch nach Lage der Umstände auf Antrag des Verurteilten diesen Zeitraum bis zu drei Monaten verlängern.

Einziger Paragraph. Überschreitet die Geldstrafe den Betrag von fünfhundert Cruzeiros, so kann der Richter gestatten, daß die Zahlung in Monatsraten innerhalb des Zeitraums von einem Jahre, der um sechs Monate verlängert werden kann, sofern die Hälfte des Betrages gezahlt ist oder der Verurteilte Sicherheit für die Zahlung anbietet, erfolgt.

(Zahlungsunfähigkeit des Verurteilten)

Art. 37. Im Falle der Zahlungsunfähigkeit wird die zugleich mit einer Freiheitsstrafe verhängte Geldstrafe durch Abzug des vierten Teiles der Arbeitsvergütung des Verurteilten (Art. 29 § 1) abgedeckt.

§ 1. Wenn der Verurteilte die Freiheitsstrafe verbüßt oder bedingte Entlassung erhalten hat, ohne die Geldstrafe beglichen zu haben, wird die Abdeckung mittels Abzugs von seinem Gehalt oder Lohn vorgenommen.

§ 2. Die Vorschrift des vorangegangenen Paragraphen findet auch Anwendung, wenn bedingter Strafaufschub gewährt oder ausschließlich Geldstrafe verhängt ist.

(Begrenzung des Abzugs)

§ 3. Der Abzug darf nicht die Mittel entziehen, die für den Unterhalt des Verurteilten und seiner Familie unentbehrlich sind (Art. 39).

(Umwandlung in Gefängnis)

Art. 38. Die Geldstrafe wird in Gefängnis umgewandelt, wenn der rückfällige Verurteilte nicht zahlt oder der zahlungsfähige Verurteilte die Beitreibung vereitelt.

(Art der Umwandlung)

Einziger Paragraph. Die Umwandlung der Geldstrafe in Gefängnis wird auf der Grundlage von zehn Cruzeiros für einen Tag bis zur Höchstgrenze von einem Jahre vorgenommen; hierbei darf das Mindestmaß der Freiheitsstrafe, die zugleich oder wahlweise für die Straftat angedroht ist, nicht überschritten werden.

(Absolute Zahlungsunfähigkeit)

Art. 39. Die Geldstrafe wird nicht vollstreckt, wenn der Verurteilte absolut zahlungsunfähig ist; es wird jedoch zur Vollstreckung geschritten, sobald es seine wirtschaftliche Lage zuläßt.

Einziger Paragraph. Liegt jedoch beim Verurteilten Rückfall vor, so findet die Vorschrift des vorigen Artikels Anwendung.

(Widerruf der Umwandlung)

Art. 40. Die Umwandlung verliert ihre Wirkung, wenn der Verurteilte zu irgendeinem Zeitpunkt die Geldstrafe zahlt oder die Zahlung durch Realsicherung oder Bürgschaft sicherstellt.

(Aufschub der Beitreibung der Geldstrafe)

Art. 41. Die Beitreibung der Geldstrafe wird aufgeschoben, wenn der Verurteilte in Geisteskrankheit verfällt.

II. Kapitel
Strafzumessung

(Festsetzung der Strafe)

Art. 42. Aufgabe des Richters ist es, unter Berücksichtigung des Vorlebens und der Persönlichkeit des Täters, der Stärke des Vorsatzes oder des Grades der Fahrlässigkeit, der Beweggründe, der Begleitumstände und der Folgen des Verbrechens:

I. die anzuwendende Strafe unter mehreren wahlweise angedrohten festzusetzen,

II. innerhalb der vom Gesetz bestimmten Grenzen die Höhe der anzuwendenden Strafe zu bestimmen.

(Besondere Gesichtspunkte für die Festsetzung der Geldstrafe)

Art. 43. Bei der Festsetzung der Geldstrafe hat der Richter in erster Linie die wirtschaftliche Lage des Täters zu berücksichtigen.

Einziger Paragraph. Die Geldstrafe kann bis auf das Dreifache erhöht werden, wenn der Richter zu der Überzeugung gelangt, daß sie anderenfalls angesichts der wirtschaftlichen Lage des Täters auch bei Anwendung des Höchstmaßes unwirksam sein würde.

(Erschwerende Umstände)

Art. 44. Umstände, die, sofern sie nicht das Verbrechen begründen oder qualifizieren, stets straferhöhend wirken, liegen vor:

I. beim Rückfall,

II. wenn der Täter das Verbrechen begangen hat

a) aus nichtigem oder niedrigem Beweggrund;

b) um die Ausführung, Verdeckung, Straflosigkeit oder Vorteilserhaltung eines anderen Verbrechens zu erleichtern oder zu sichern;

c) nachdem er sich vorsätzlich in Trunkenheit versetzt hat, um die Straftat zu begehen;

d) verräterisch, hinterhältig oder mittels Täuschung oder anderer Mittel, die dem Verletzten die Verteidigung erschwerten oder unmöglich machten;

e) unter Anwendung von Gift, Feuer, Explosivstoffen, Erstickungsmitteln, Folterung oder anderen hinterlistigen oder graussamen Mitteln oder solchen, aus denen eine Gemeingefahr hervorgehen konnte;

f) gegen Verwandte auf- und absteigender Linie, Geschwister oder Ehegatten;

g) unter Mißbrauch seiner Autorität oder unter Ausnutzung häuslicher Beziehungen, gemeinschaftlichen Wohnens oder der Gastfreundschaft;

h) unter Mißbrauch einer Machtstellung oder unter Verletzung der mit einem Dienst, einer Obliegenheit, einer sozialen, caritativen oder geistlichen Tätigkeit oder einem Beruf verbundenen Pflichten;

i) gegen Kinder, Alte oder Kranke;

j) zu einer Zeit, in welcher der Verletzte unter unmittelbarem behördlichen Schutz stand;

k) bei Gelegenheit eines Brandes, Schiffbruchs, einer Überschwemmung oder sonstiger Fälle öffentlicher Not oder eines Einzelnotfalles des Verletzten.

(Erschwerende Umstände im Falle des Zusammenwirkens von Tätern)

Art. 45. Die Strafe ist ferner zu erhöhen für einen Täter, der:

I. das Zusammenwirken bei einem Verbrechen veranlaßt oder organisiert oder die Tätigkeit der anderen Täter leitet;

II. einen anderen zur Ausführung einer als Verbrechen mit Strafe bedrohten Handlung zwingt;

III. eine Person, die seiner Autorität unterstellt oder wegen ihrer persönlichen Eigenschaften oder Verhältnisse nicht strafbar ist, beeinflußt oder bestimmt, ein Verbrechen zu begehen;

IV. das Verbrechen gegen Gewährung oder Versprechen einer Belohnung ausführt oder sich an ihm beteiligt.

(Rückfall)

Art. 46. Rückfall liegt vor, wenn der Täter ein neues Verbrechen begeht, nachdem er für ein früheres Verbrechen im In- oder Ausland durch rechtskräftiges Urteil verurteilt worden ist.

(Allgemeiner [ungleichartiger] und besonderer [gleichartiger] Rückfall)

§ 1. Der Rückfall wird bezeichnet:

I. als allgemeiner bei Verbrechen verschiedener Art;

II. als besonderer bei Verbrechen derselben Art.

(Verbrechen derselben Art)

§ 2. Als Verbrechen derselben Art gelten diejenigen, die in derselben Gesetzesbestimmung geregelt sind, wie auch diejenigen, die zwar in verschiedenen Gesetzesbestimmungen geregelt sind, jedoch im Hinblick auf die sie begründenden Sachverhalte oder maßgebenden Beweggründe gemeinsame Grundmerkmale aufweisen.

(Wirkungen des besonderen [gleichartigen] Rückfalls)

Art. 47. Der besondere Rückfall bewirkt:

I. die Verhängung einer Freiheitsstrafe, die über der Hälfte der aus Strafmindest- und Strafhöchstmaß gebildeten Summe liegt;

II. die Verhängung der der Art nach schwereren Strafe bei wahlweise angedrohten Strafen unbeschadet der in Nr. I enthaltenen Vorschrift.

(Strafmindernde Umstände)

Art. 48. Umstände, die immer die Strafe mindern, liegen vor:

I. wenn der Täter jünger als einundzwanzig oder älter als siebzig Jahre ist;

II. wenn seine Mitwirkung bei der Straftat von nur geringer Bedeutung war;

III. bei entschuldbarer Unkenntnis oder irriger Auslegung des Strafgesetzes;

IV. wenn der Täter:

a) das Verbrechen aus einem Beweggrund von erheblichem sozialen oder moralischen Wert begangen hat;

b) sich aus eigenem Antrieb und mit Erfolg unmittelbar nach dem Verbrechen bemüht hat, dessen Folgen abzuwenden oder zu mindern, oder vor dem Urteil den Schaden wiedergutgemacht hat;

c) das Verbrechen unter einem nicht unwiderstehlichen Zwange oder unter einer heftigen, durch rechtswidriges Verhalten des Verletzten hervorgerufenen Gemütsbewegung begangen hat;

d) aus eigenem Antrieb vor der Behörde die bis dahin unbekannte oder einem anderen zugeschriebene Täterschaft eines Verbrechens gestanden hat;

e) das Verbrechen unter dem Einfluß einer in Aufruhr befindlichen Menge begangen hat, falls es sich um eine erlaubte Vereinigung gehandelt, der Täter den Aufruhr nicht hervorgerufen hat und nicht rückfällig ist.

(Besonderer Fall der Strafmilderung)

Einziger Paragraph. Wenn der Täter sich an einem weniger schweren Verbrechen beteiligen wollte, wird die Strafe um ein Drittel bis um die Hälfte herabgesetzt; hierbei darf jedoch das Mindestmaß der für das tatsächlich begangene Verbrechen angedrohten Strafe nicht unterschritten werden.

(Zusammentreffen straferhöhender und strafmindernder Umstände)

Art. 49. Beim Zusammentreffen straferhöhender und strafmindernder Umstände hat die Strafe sich der Strafgrenze anzunähern, die sich unter Berücksichtigung der Umstände, die das Übergewicht haben, ergibt; als solche sind diejenigen anzusehen, die aus den Beweggründen der Tat, der Persönlichkeit des Täters und dem Rückfall herzuleiten sind.

(Erhöhung oder Verminderung der Strafe)

Art. 50. Die Strafe, die um ein bestimmtes Maß oder innerhalb bestimmter Grenzen zu erhöhen oder zu mindern ist, ist diejenige, die der Richter festsetzen würde, wenn der Erhöhungs- oder Minderungsgrund nicht vorläge.

Einziger Paragraph. Beim Zusammentreffen von im Besonderen Teil vorgesehenen Erhöhungs- oder Minderungsgründen hat der Richter sich auf nur eine Erhöhung oder nur eine Minderung zu beschränken; hierbei ist derjenige Grund maßgebend, der zur weitestgehenden Erhöhung oder Minderung führt.

(Realkonkurrenz)

Art. 51. Wenn der Täter durch mehrere Akte des Tuns oder Unterlassens zwei oder mehrere gleichartige oder ungleichartige Verbrechen begeht, werden die verwirkten Strafen kumulativ verhängt. Im Falle der kumulativen Verhängung von Zuchthaus- und Gefängnisstrafen wird zuerst die Zuchthausstrafe vollzogen.

(Idealkonkurrenz)

§ 1. Wenn der Täter durch ein und dasselbe Tun oder Unterlassen zwei oder mehrere Verbrechen begeht, für welche Freiheitsstrafen angedroht sind, wird die schwerste oder, wenn sie gleich sind, nur eine von ihnen verhängt, aber in jedem Falle um ein Sechstel bis um die Hälfte erhöht. Die Strafen werden jedoch kumulativ verhängt, wenn das Tun oder Unterlassen vorsätzlich begangen ist und die konkurrierenden Straftaten aus selbständigen Entschlüssen hervorgegangen sind.

(Fortgesetzte Straftat)

§ 2. Wenn der Täter durch mehrere Akte des Tuns oder Unterlassens zwei oder mehrere Verbrechen derselben Art begeht und die folgenden Akte nach Zeit, Ort, Art und ähnlichen Umständen der Ausführung als Fortsetzung des ersten zu erachten sind, ist die Strafe nur für eines der Verbrechen zu verhängen, wenn diese gleichartig sind, oder die schwerste Strafe, wenn sie verschiedenartig sind, jedoch stets unter Erhöhung um ein Sechstel bis um zwei Drittel.

(Verhängung von Geld- oder Nebenstrafen beim Zusammentreffen von Verbrechen)

Art. 52. Strafen, die nicht Freiheitsstrafen sind, werden getrennt und in vollem Umfang verhängt, auch wenn sie nur für eines der zusammentreffenden Verbrechen vorgesehen sind.

(Irrtum bei Tatausführung)

Art. 53. Wenn der Täter durch Zufall oder infolge eines Irrtums beim Gebrauch der Mittel zur Ausführung der Tat an Stelle der Person, die er angreifen wollte, eine andere Person verletzt, ist er so verantwortlich, wie er es wäre, wenn er das Verbrechen gegen jene Person begangen hätte; die Vorschrift des Art. 17 § 3 Teil 2 findet Anwendung. Wird auch die Person verletzt, die der Täter angreifen wollte, so findet die Vorschrift des Art. 51 § 1 Anwendung.

(Abweichung des eingetretenen vom beabsichtigten Erfolg)

Art. 54. Wenn, abgesehen von den im vorigen Artikel bezeichneten Fällen, durch Zufall oder Irrtum bei der Ausführung des Verbrechens ein vom beabsichtigten abweichender Erfolg eintritt, ist der Täter wegen Fahrlässigkeit verantwortlich, wenn die fahrlässige Begehung der Tat unter Strafe gestellt ist; wenn der beabsichtigte Erfolg ebenfalls eintritt, findet die Vorschrift des Art. 51 § 1 Anwendung.

(Höchstmaß der Strafe)

Art. 55. In keinem Falle darf die Dauer der Freiheitsstrafe dreißig Jahre, der Betrag der Geldstrafen hunderttausend Cruzeiros überschreiten.

(Zusammentreffen von Verbrechen und Übertretungen)

Art. 56. Beim Zusammentreffen von Verbrechen und Übertretungen finden die Vorschriften der Art. 51, 52 und 53 Anwendung; die für die Übertretung festgesetzte Strafe wird zuletzt vollstreckt, wenn Freiheitsstrafen kumulativ verhängt sind.

III. Kapitel

Bedingter Strafaufschub

(Voraussetzungen des bedingten Strafaufschubs)

Art. 57. Die Vollstreckung einer zwei Jahre nicht überschreitenden Gefängnisstrafe oder einer Zuchthausstrafe im Falle des Art. 30 § 3 kann für die Dauer von zwei bis zu sechs Jahren aufgeschoben werden, sofern

I. der Verurteilte keine Verurteilung wegen eines anderen Verbrechens in Brasilien oder im Ausland oder wegen einer Übertretung in Brasilien erlitten hat;

II. das Vorleben, die Persönlichkeit des Verurteilten, die Beweggründe und die Umstände des Verbrechens die Annahme rechtfertigen, daß er nicht erneut straffällig werden wird.

(Strafen, auf welche der Strafaufschub keine Anwendung findet)

Einziger Paragraph. Der Strafaufschub erstreckt sich nicht auf Geld- und Nebenstrafen.

(Nähere Bestimmung der Bedingungen des Strafaufschubs)

Art. 58. Das Urteil hat nähere Bestimmungen darüber zu treffen, von welchen Bedingungen der Strafaufschub abhängt.

(Widerruf des Strafaufschubs)

Art. 59. Der Strafaufschub wird widerrufen, wenn der Begünstigte während der Bewährungsfrist:

I. wegen eines Verbrechens oder einer mit Freiheitsstrafe geahndeten Übertretung rechtskräftig verurteilt wird;

II. trotz Zahlungsfähigkeit die Zahlung einer Geldstrafe oder die Wiedergutmachung des Schadens vereitelt.

§ 1. Der Strafaufschub kann auch dann widerrufen werden, wenn der Verurteilte eine der ihm durch das Urteil auferlegten Verpflichtungen nicht erfüllt oder rechtskräftig wegen einer Übertretung zu einer anderen als zu einer Freiheitsstrafe verurteilt wird.

§ 2. Wird gegen den Begünstigten wegen eines anderen Verbrechens oder wegen einer Übertretung ein Verfahren anhängig, so gilt die Bewährungsfrist bis zur rechtskräftigen Aburteilung als verlängert.

(Verlängerung der Bewährungsfrist)

§ 3. In den Fällen, in denen der Widerruf fakultativ ist, kann der Richter an seiner Stelle die Bewährungsfrist bis zum Höchstmaß verlängern, wenn dieses nicht bereits festgesetzt war.

(Erfüllung der Bedingungen)

§ 4. Wenn die Bewährungsfrist abläuft, ohne daß ein Grund für den Widerruf eingetreten ist, entfällt die Vollstreckung der Freiheitsstrafe.

IV. Kapitel

Bedingte Entlassung

(Voraussetzung der bedingten Entlassung)

Art. 60. Der Richter kann einem zu Zuchthaus- oder Gefängnisstrafe von mehr als drei Jahren Verurteilten bedingte Entlassung gewähren, sofern:

I. bei erstmalig Straffälligen mehr als die Hälfte, bei Rückfälligen mehr als drei Viertel der Strafe verbüßt sind,

II. das Fehlen oder Aufhören der Gefährlichkeit, gute Führung während des Aufenthalts in der Strafanstalt und die Fähigkeit, durch ehrliche Arbeit für den eigenen Unterhalt zu sorgen, festgestellt sind,

III. die aus dem Verbrechen entstandenen zivilrechtlichen Verpflichtungen erfüllt sind, es sei denn, daß die Zahlungsunfähigkeit des Verurteilten erwiesen ist.

Einziger Paragraph. Die Strafen, die für mehrere selbständige Verbrechen verhängt sind, können zum Zweck der bedingten Entlassung zusammengerechnet werden, wenn jede der Strafen drei Jahre übersteigt.

(Nähere Bestimmung der Bedingungen der Entlassung)

Art. 61. Die Entscheidung hat die Bedingungen, von denen der Straferlaß abhängig ist, einzeln zu bezeichnen.

(Verfahren der Bewilligung)

Art. 62. Die bedingte Entlassung wird nur auf Grund eines Gutachtens des Strafanstaltsrats (Conselho Penitenciário) nach Anhörung des Leiters der Anstalt, in welcher sich der zu Entlassende befindet oder befunden hat, und, wenn eine mit Freiheitsentziehung verbundene Maßregel der Sicherung verhängt war, nach der in Art. 81 vorgeschriebenen Prüfung gewährt.

(Überwachung des Entlassenen)

Art. 63. Der Entlassene wird dort, wo keine dem Strafanstaltsrat (Conselho Penitenciário) unterstellte öffentliche Aufsichtsbehörde vorhanden ist, von der Polizeibehörde überwacht.

(Widerruf der bedingten Entlassung)

Art. 64. Die bedingte Entlassung wird widerrufen, wenn der Entlassene rechtskräftig verurteilt wird:

I. wegen eines während der Dauer der bedingten Entlassung begangenen Verbrechens;

II. wegen eines vorher begangenen Verbrechens, jedoch unbeschadet der Vorschrift des Art. 60 einziger Paragraph;

III. wegen einer Übertretung, sofern eine Freiheitsstrafe verhängt ist.

Einziger Paragraph. Der Richter kann die bedingte Entlassung auch widerrufen, wenn der Entlassene eine der ihm in der Entscheidung auferlegten Verpflichtungen nicht erfüllt oder rechtskräftig wegen einer Übertretung zu einer anderen als einer Freiheitsstrafe verurteilt wird.

(Wirkungen des Widerrufs)

Art. 65. Ist die bedingte Entlassung widerrufen, so kann sie nicht von neuem gewährt werden; die Zeit, in welcher der Verurteilte in Freiheit war, wird, abgesehen von dem Fall, daß der Widerruf auf Grund einer Verurteilung wegen eines Verbrechens oder einer Übertretung, die vor der bedingten Entlassung begangen ist, erfolgt, auf die Strafe nicht angerechnet.

(Erfüllung der auferlegten Verpflichtungen)

Art. 66. Wenn die bedingte Entlassung bis zum Ablauf der Frist nicht widerrufen wird, so ist die Freiheitsstrafe erloschen. Die sich auf die Person beziehenden Maßregeln der Sicherung verlieren ihre Wirkung.

Einziger Paragraph. Der Richter kann die Strafe solange nicht für erloschen erklären, bis das Urteil in einem Verfahren, welches gegen den Entlassenen wegen eines während der Zeit der bedingten Entlassung begangenen Verbrechens oder einer während dieser Zeit begangenen Übertretung eingeleitet ist, in Rechtskraft erwachsen ist.

V. Kapitel

Nebenstrafen

(Nebenstrafen)

Art. 67. Nebenstrafen sind:

I. Verlust eines durch Wahl oder Ernennung erlangten Amtes;

II. Untersagung von Rechten;

III. Veröffentlichung des Urteils.

(Verlust eines öffentlichen Amtes)

Art. 68. Den Verlust eines öffentlichen Amtes verwirkt:

I. wer wegen eines unter Mißbrauch der Amtsgewalt oder unter Verletzung der mit einem öffentlichen Amt verbundenen Pflichten begangenen Verbrechens zu Freiheitsstrafe verurteilt ist;

II. wer wegen eines anderen Verbrechens zu Zuchthausstrafe von mehr als zwei oder Gefängnisstrafe von mehr als vier Jahren verurteilt ist.

(Untersagung von Rechten)

Art. 69. Die Untersagung von Rechten besteht:

I. in der zeitweisen Unfähigkeit zur Erlangung eines öffentlichen Amtes;

II. in der dauernden oder zeitweisen Unfähigkeit zur Ausübung der ehemännlichen oder väterlichen Gewalt;

III. in der dauernden oder zeitweisen Unfähigkeit zur Ausübung einer Vormundschaft oder Pflegschaft;

IV. in der zeitweisen Unfähigkeit für einen Beruf oder eine Tätigkeit, deren Ausübung von einer besonderen Berechtigung, Erlaubnis oder Ermächtigung der öffentlichen Gewalt abhängt;

V. in dem Ruhen politischer Rechte.

(Verwirkung der Untersagung von Rechten)

Einziger Paragraph. Verwirkung

I. der Untersagung der in Nr. I bezeichneten Rechte tritt ein:

a) auf die Dauer von fünf bis zu zwanzig Jahren bei Verurteilung zu Zuchthaus von nicht weniger als vier Jahren oder bei Verurteilung wegen eines vorsätzlichen Verbrechens, das bei Ausübung einer öffentlichen Funktion zum Nachteil des Fiskus oder des Vermögens einer öffentlichen Körperschaft begangen ist, ohne Rücksicht auf die Dauer der Strafe;

b) auf die Dauer von zwei bis zu acht Jahren bei Verurteilung zu Zuchthaus von mehr als zwei und weniger als vier Jahren oder bei Verurteilung wegen eines Verbrechens, das unter Mißbrauch der Gewalt oder Verletzung einer Pflicht, die mit einer öffentlichen Funktion verbunden sind, begangen ist, ausgenommen den unter a) am Ende bezeichneten Fall.

II. der Untersagung der in Nr. II bezeichneten Rechte tritt ein:

a) für dauernd bei Verurteilung wegen eines Verbrechens, aus dem sich die offensichtliche Unvereinbarkeit mit der Ausübung der ehemännlichen oder väterlichen Gewalt ergibt;

b) für die Dauer von zwei bis zu acht Jahren bei Verurteilung wegen eines Verbrechens, das unter Mißbrauch der ehemännlichen oder der väterlichen Gewalt begangen ist, wenn nicht der Fall der in der vorhergehenden Vorschrift bezeichneten Verwirkung vorliegt;

c) im übrigen bis zum Ende der Vollstreckung einer Strafe oder einer mit Freiheitsentziehung verbundenen Maßregel der Sicherung bei Verurteilung zu Zuchthaus von nicht mehr als zwei Jahren.

III. der Untersagung der in Nr. III bezeichneten Rechte tritt ein:

a) für dauernd bei Verurteilung wegen eines Verbrechens, aus dem sich die offensichtliche Unvereinbarkeit mit der Ausübung der Vormundschaft oder Pflegschaft ergibt;

b) für die Dauer von fünf bis zu zwanzig Jahren bei Verurteilung zu Zuchthaus von nicht weniger als vier Jahren;

c) für die Dauer von zwei bis zu acht Jahren bei Verurteilung zu Zuchthaus von mehr als zwei und weniger als vier Jahren oder wegen eines Verbrechens, das unter Mißbrauch der Gewalt oder Verletzung einer Pflicht begangen ist, die mit der Vormundschaft oder Pflegschaft verbunden sind, wenn nicht der Fall der unter a) bezeichneten Verwirkung vorliegt.

IV. der Untersagung der in Nr. IV bezeichneten Rechte tritt ein auf die Dauer von zwei bis zu zehn Jahren bei Verurteilung wegen eines Verbrechens, das unter Mißbrauch eines Berufs oder einer Tätigkeit oder unter Verletzung einer mit diesen verbundenen Pflichten begangen ist;

V. der Untersagung der in Nr. V bezeichneten Rechte tritt ein bei Verurteilung zu Freiheitsstrafe, solange die Vollstreckung der Strafe, einer mit Freiheitsentziehung verbundenen Maßregel der Sicherung oder die unter Nr. I bezeichnete Rechtsverwirkung fortdauert.

(Verhängung der Nebenstrafe)

Art. 70. Das Urteil hat auszusprechen:

I. den Verlust des öffentlichen Amtes in den Fällen des Art. 68 Nr. I;

II. die Rechtsverwirkungen in den im vorangegangenen Artikel einziger Paragraph Nr. I unter a und b, Nr. II unter a und b, Nr. III unter a, b und c und Nr. IV bezeichneten Fällen unter Bestimmung der Dauer, sofern sie zeitlich begrenzt sind.

Einziger Paragraph. In den übrigen Fällen treten der Verlust des öffentlichen Amtes und die Rechtsverwirkungen ohne weiteres mit der Verhängung der Hauptstrafe ein.

(Vorläufige Untersagung)

Art. 71. Während des Verfahrens ist der Richter befugt, das vorläufige Ruhen der Ausübung der väterlichen und ehemännlichen Gewalt, der Vormundschaft, der Pflegschaft, des Berufs oder der Tätigkeit anzuordnen, sofern die entsprechende Untersagung im Falle der Verurteilung eintreten kann.

(Eintritt der Untersagung)

Art. 72. Die dauernden oder zeitlichen Untersagungen werden mit der Rechtskraft des Urteils wirksam; die Dauer der zeitlichen Untersagungen beginnt mit dem Laufe des Tages, an welchem:

a) der Vollzug der Freiheitsstrafe endet oder diese durch Verjährung erlischt;

b) der Vollzug einer mit Freiheitsentzug verbundenen Maßregel der Sicherung endet.

Einziger Paragraph. In die Dauer werden eingerechnet:

I. die Zeit des vorläufigen Ruhens;

II. die Zeit des Aufenthalts in der Freiheit im Falle des bedingten Strafaufschubs oder der bedingten Entlassung, falls kein Widerruf erfolgt.

(Veröffentlichung des Urteils)

Art. 73. Die Veröffentlichung des Urteils wird durch den Richter von Amts wegen angeordnet, sooft es das öffentliche Interesse erfordert.

§ 1. Sie erfolgt in einer Zeitung mit großer Verbreitung auf Kosten des Verurteilten oder, wenn er zahlungsunfähig ist, im amtlichen Anzeiger.

§ 2. Das Urteil wird in abgekürzter Form veröffentlicht, sofern nicht besondere Gründe vorliegen, die die vollständige Veröffentlichung rechtfertigen.

VI. Kapitel

Wirkungen der Verurteilung

(Wiedergutmachung des Schadens. Verlust der Instrumente, Erzeugnisse und Vorteile des Verbrechens)

Art. 74. Die Verurteilung bewirkt:

I. die Feststellung der Verpflichtung zur Wiedergutmachung des durch das Verbrechen hervorgerufenen Schadens;

II. vorbehaltlich der Rechte des Verletzten oder eines gutgläubigen Dritten den Verlust zugunsten der Union:

a) der Instrumente des Verbrechens, sofern sie in Gegenständen bestehen, deren Herstellung, Veräußerung, Gebrauch, Bei-sich-führen oder Innehabung verboten ist;

b) der Erzeugnisse des Verbrechens sowie jeglicher Güter oder Werte, die einen vom Täter durch die Ausführung der verbrecherischen Tat erlangten Vorteil darstellen.

VI. Titel

Maßregeln der Sicherung

I. Kapitel

Maßregeln der Sicherung im Allgemeinen

(Herrschaft des Gesetzes)

Art. 75. Die Maßregeln der Sicherung werden nach dem Gesetz bestimmt, das zur Zeit der Entscheidung gilt; gilt zur Zeit der Vollstreckung ein anderes Gesetz, so ist dieses anzuwenden.

(Voraussetzungen der Anwendung)

Art. 76. Die Anwendung einer Maßregel der Sicherung setzt voraus:

I. die Begehung einer Tat, die sich als Verbrechen darstellt,

II. die Gefährlichkeit des Täters.

Einziger Paragraph. Die Maßregeln der Sicherung sind auch in den Fällen der Art. 14 und 27 anzuwenden, wenn die in Nr. II bezeichnete Voraussetzung vorliegt.

(Vorliegen der Gefährlichkeit)

Art. 77. Soweit die Gefährlichkeit nicht gesetzlich vermutet wird, ist der Täter dann als gefährlich anzusehen, wenn seine Persönlichkeit und sein Vorleben, sowie die Beweggründe und Umstände der Tat die Annahme rechtfertigen, daß er straffällig oder erneut straffällig werden wird.

(Vermutung der Gefährlichkeit)

Art. 78. Die Gefährlichkeit wird vermutet:

I. bei den Personen, die gemäß Art. 22 straffrei sind;

II. bei den in Art. 22 einziger Paragraph bezeichneten Personen;

III. bei Verurteilung wegen eines Verbrechens, das im Zustand der Trunkenheit infolge von Alkohol oder Stoffen mit ähnlichen Wirkungen begangen ist, wenn es sich um gewohnheitsmäßige Trunkenheit handelt;

IV. bei Rückfall im Falle vorsätzlichen Verbrechens;

V. bei Personen, die wegen eines Verbrechens verurteilt sind, das sie als Mitglieder einer Vereinigung, Bande oder Horde[1]) von Übeltätern begangen haben.

(Fälle, in denen die Vermutung nicht gilt)

§ 1. Die Vermutung gilt nicht, wenn das Urteil in dem in Nr. I dieses Artikels bezeichneten Falle zehn Jahre, in den übrigen Fällen fünf Jahre nach der Tat erlassen wird.

§ 2. Die Vollstreckung einer Maßregel der Sicherung wird nur auf Grund einer Feststellung der Gefährlichkeit eingeleitet, wenn seit dem Erlaß des Urteils in dem in Nr. I dieses Artikels bezeichneten Falle zehn Jahre, in den übrigen Fällen fünf Jahre verstrichen sind; die Vorschrift des Art. 87 bleibt unberührt.

§ 3. Die Durchführung einer Maßregel der Sicherung nach brasilianischem Recht hängt im Falle des Art. 7 Nr. II von der Feststellung der Gefährlichkeit ab.

(Richterlicher Ausspruch)

Art. 79. Eine Maßregel der Sicherung wird in der verurteilenden oder freisprechenden Entscheidung angeordnet.

Einziger Paragraph. Nach Urteilserlaß kann eine Maßregel der Sicherung angeordnet werden:

I. während der Strafvollstreckung oder der Zeit, in welcher sich der Verurteilte dieser entzieht;

II. gegen eine Person, deren Gefährlichkeit vom Gesetz trotz Freispruchs vermutet wird, wenn nicht ein Zeitraum, welcher der Mindestdauer der betreffenden Maßregel der Sicherung entspricht, verstrichen ist;

III. in den sonstigen im Gesetz vorgesehenen Fällen.

(Vorläufige Anordnung von Maßregeln der Sicherung)

Art. 80. Während des Verfahrens kann der Richter gegen die in Art. 78 Nr. I genannten Personen sowie gegen Gewohnheitstrinker oder Rauschgiftsüchtige die auf sie anwendbaren Maßregeln der Sicherung anordnen.

Einziger Paragraph. Die Zeit der Vollziehung der vorläufigen Anordnung wird in den Mindestzeitraum der Maßregel der Sicherung eingerechnet.

(Widerruf der Maßregel der Sicherung)

Art. 81. Eine die Person betreffende Maßregel der Sicherung wird nur widerrufen, wenn auf Grund einer Prüfung festgestellt wird, daß der Betroffene nicht mehr gefährlich ist.

§ 1. Die Prüfung wird vorgenommen:

I. gegen Ende des für die Maßregel der Sicherung gesetzlich bestimmten Mindestzeitraums;

---

[1]) Anm. des Übersetzers. Unter Bande (bando) ist hier eine nichtorganisierte Gruppe, unter Horde (quadrilha) eine unter einheitlicher Leitung stehende Gruppe von Verbrechern zu verstehen. (Vgl. Galdino Siqueira: Tratado de Direito Penal, 2. Aufl., Rio de Janeiro 1951, Bd. 4, S. 369).

II. jeweils ein Jahr nach Ablauf des Mindestzeitraums, sofern die Maßregel der Sicherung nicht bereits beendet ist;

III. zu jedem Zeitpunkt, in welchem es die höhere Instanz anordnet.

§ 2. Wenn der Mindestzeitraum der Maßregel einer Sicherung geringer als ein Jahr ist, werden die aufeinanderfolgenden Prüfungen jeweils gegen Ende des Zeitabschnitts vorgenommen, der dem Mindestzeitraum entspricht.

(Vollziehung der Maßregeln der Sicherung)

Art. 82. Die Maßregeln der Sicherung werden vollzogen:

I. nach Vollstreckung der Freiheitsstrafe;

II. im Falle des Freispruchs oder der Verurteilung zu Geldstrafe nach Rechtskraft des Urteils.

§ 1. Die Vollziehung der Maßregel der Sicherung wird aufgeschoben, wenn der Betroffene eine Freiheitsstrafe zu verbüßen hat.

§ 2. Die Vollziehung einer mit Freiheitsentziehung verbundenen Maßregel der Sicherung geht der Vollziehung einer mit einer solchen nicht verbundenen Maßregel voran.

(Verfallen in Geisteskrankheit)

Art. 83. Eine Person, gegen die eine mit Freiheitsentziehung verbundene Maßregel der Sicherung angeordnet ist, ist, wenn sie vor oder während der Vollziehung in Geisteskrankheit verfällt, in einer gerichtlichen Irrenanstalt oder in deren Ermangelung in einer sonstigen geeigneten Anstalt, in welcher ihre Beaufsichtigung gewährleistet ist, unterzubringen.

Handelt es sich um eine nicht mit Freiheitsentziehung verbundene Maßregel der Sicherung, so wird die Vollziehung nicht begonnen und die begonnene nicht fortgesetzt.

Einziger Paragraph. Ist die Heilung festgestellt, die Gefährlichkeit aber nicht entfallen, so kann der Richter anordnen:

I. den Beginn oder die Fortsetzung der Vollziehung der Maßregel;

II. den Ersatz einer nicht mit Freiheitsentziehung verbundenen Maßregel der Sicherung durch eine andere der gleichen Art;

III. den Ersatz einer mit Freiheitsentziehung verbundenen Maßregel durch eine andere der gleichen Art oder durch Schutzaufsicht.

(Aburteilung wegen verschiedener Taten)

Art. 84. Wenn mehr als eine Maßregel der Sicherung der gleichen Art angeordnet ist, wird nur eine vollzogen.

§ 1. Handelt es sich um verschiedenartige Maßregeln, so hat der Richter eine oder mehrere unter diesen unter Berücksichtigung des Grades der Gefährlichkeit der Person vollziehen zu lassen, ohne jedoch eine mit Freiheitsentziehung verbundene Maßregel, die in einem Falle der Vermutung der Gefährlichkeit Anwendung findet, in Fortfall zu bringen.

§ 2. Die gleichen Bestimmungen finden in bezug auf Maßregeln der Sicherung, die in verschiedenen Urteilen oder Verfahren angeordnet sind, Anwendung, auch wenn bereits mit dem Vollzug einer von ihnen begonnen worden ist.

(Nichtanrechnung einer mit Freiheitsentziehung verbundenen Maßregel der Sicherung)

Art. 85. Entzieht sich der Betroffene der Vollziehung einer mit Freiheitsentziehung verbundenen Maßregel der Sicherung, die nicht in der Unterbringung in einer gerichtlichen Irrenanstalt oder Heil- und Pflegeanstalt besteht, so beginnt der Lauf der Mindestfrist mit dem Tage von neuem, an welchem mit der Vollziehung der Maßregel wieder begonnen wird.

(Wirkungen des Erlöschens der Strafbarkeit)

Art. 86. Ist die Strafbarkeit erloschen, so wird eine Maßregel der Sicherung nicht angeordnet, eine bereits angeordnete tritt außer Kraft.

(Erlöschen der Maßregel durch Zeitablauf)

Art. 87. Eine nichtvollzogene Maßregel der Sicherung erlischt mit Ablauf von fünf Jahren seit Verbüßung der Strafe, wenn der Verurteilte in diesem Zeitraum kein neues Verbrechen begeht.

Einziger Paragraph. Das Erlöschen einer in den Fällen der Artikel 14 und 27 angeordneten Maßregel der Sicherung tritt in demselben Zeitraum ein; der Lauf der Frist beginnt mit der Rechtskraft des Urteils.

II. Kapitel

Maßregeln der Sicherung im Besonderen

(Einteilung der Maßregeln der Sicherung)

Art. 88. Die Maßregeln der Sicherung zerfallen in sachliche und persönliche. Die Maßregeln der ersten Art sind Untersagung eines Unternehmens oder einer Niederlassung einer Gesellschaft oder Vereinigung und Konfiskation; die Maßregeln der zweiten Art sind solche mit und ohne Freiheitsentziehung.

(Maßregeln mit Freiheitsentziehung)

§ 1. Die Maßregeln mit Freiheitsentziehung sind:

I. Unterbringung in einer gerichtlichen Irrenanstalt;

II. Unterbringung in einer Heil- und Pflegeanstalt;

III. Unterbringung in einer landwirtschaftlichen Niederlassung oder einem Arbeitshaus, einer Anstalt zur Umerziehung oder beruflichen Ausbildung.

(Maßregeln ohne Freiheitsentziehung)

§ 2. Die Maßregeln ohne Freiheitsentziehung sind:

I. Schutzaufsicht;

II. Verbot, in bestimmten Lokalen zu verkehren;

III. Ortsverweisung.

(Fehlen einer entsprechenden Anstalt)

Art. 89. Wo eine entsprechende Anstalt nicht vorhanden ist, wird die mit Freiheitsentziehung verbundene Maßregel ihrer Natur entsprechend in einer besonderen Abteilung einer anderen Anstalt vollzogen.

(Vollziehung der Maßregel der Sicherung außerhalb des Einzelstaates, in dem sie angeordnet wurde)

Einziger Paragraph. Auf die mit Freiheitsentziehung verbundenen Maßregeln der Sicherung findet die Bestimmung des Art. 29 § 3 Anwendung.

(Art der Behandlung in den Anstalten)

Art. 90. Der Untergebrachte ist seinen persönlichen Eigenschaften entsprechend der Umerziehung, ärztlichen Behandlung oder Arbeit zu unterwerfen.

Einziger Paragraph. Für die Arbeit ist ein Entgelt zu zahlen.

(Unterbringung in einer gerichtlichen Irrenanstalt)

Art. 91. Der Täter, der gemäß der Bestimmung des Art. 22 straffrei ist, wird in einer gerichtlichen Irrenanstalt untergebracht.

§ 1. Die Dauer der Unterbringung beträgt wenigstens

I. 6 Jahre, wenn das Gesetz für das Verbrechen als Mindeststrafe Zuchthaus von nicht weniger als zwölf Jahren androht;

II. drei Jahre, wenn das Gesetz für das Verbrechen als Mindeststrafe Zuchthaus von nicht weniger als acht Jahren androht;

III. zwei Jahre, wenn die für das Verbrechen angedrohte Freiheitsstrafe mindestens ein Jahr beträgt;

IV. ein Jahr in den übrigen Fällen.

§ 2. Unter der Voraussetzung der Nr. IV kann der Richter gegen den Betroffenen auch lediglich Schutzaufsicht anordnen.

(Fakultativer Ersatz)

§ 3. Der Richter kann unter Berücksichtigung der Erfahrungen der medizinischen Wissenschaft die Unterbringung in einer Heil- oder Pflegeanstalt anordnen; die im vorangegangenen Artikel bestimmten Zeiträume finden Anwendung.

(Beendigung der Unterbringung)

§ 4. Die Unterbringung endet auf Grund richterlicher Anordnung nach ärztlicher Prüfung und Anhörung der Staatsanwaltschaft und des Leiters der Anstalt.

(Bewährungszeit)

§ 5. Während eines Jahres nach Beendigung der Unterbringung steht der Betroffene unter Schutzaufsicht; er ist erneut unterzubringen, wenn sein Verhalten zeigt, daß die Gefährlichkeit fortbesteht. Anderenfalls wird die Maßregel der Sicherung für erloschen erklärt.

(Unterbringung in einer Heil- und Pflegeanstalt)

Art. 92. Unterbringung in einer Heil- und Pflegeanstalt ohne Anordnung einer weiteren mit Freiheitsentziehung verbundenen Maßregel der Sicherung erfolgt:

I. für die Dauer von wenigstens drei Jahren bei Verurteilung wegen eines Verbrechens, für welches das Gesetz als Mindeststrafe nicht weniger als zehn Jahre androht, wenn im Urteil die Voraussetzungen des Art. 22 einziger Paragraph festgestellt sind;

II. für die Dauer von mindestens zwei Jahren bei Verurteilung wegen eines Verbrechens, für welches das Gesetz als Mindeststrafe Zuchthaus von nicht weniger als fünf Jahren androht, wenn im Urteil die Voraussetzungen des Art. 22 einziger Paragraph festgestellt sind;

III. für die Dauer von wenigstens einem Jahr bei Verurteilung wegen eines Verbrechens, für welches das Gesetz als Mindeststrafe Freiheitsstrafe von nicht weniger als einem Jahr androht, wenn im Urteil die Voraussetzungen des Art. 22 einziger Paragraph festgestellt sind;

IV. für die Dauer von wenigstens sechs Monaten, auch wenn die verhängte Strafe geringer ist, bei Verurteilung zu einer Freiheitsstrafe wegen eines Verbrechens, das im Zustande des Rausches infolge von Alkohol oder Stoffen mit ähnlichen Wirkungen begangen ist, wenn es sich um gewohnheitsmäßige Trunkenheit handelt.

Einziger Paragraph. Bei Verurteilung wegen eines Verbrechens, für welches das Gesetz als Mindeststrafe Freiheitsstrafe von weniger als einem Jahre androht, wird, wenn im Urteil die Voraussetzungen des Art. 22 einziger Paragraph festgestellt sind, der Betroffene in einer Heil- und Pflegeanstalt für die Dauer von wenigstens sechs Monaten untergebracht oder, wenn dies geeigneter erscheint, für den gleichen Zeitraum unter Schutzaufsicht gestellt.

(Unterbringung in einer landwirtschaftlichen Niederlassung oder in einem Arbeitshaus zum Zwecke der Umerziehung oder beruflichen Ausbildung)

Art. 93. Unterbringung in einer der im Art. 88 § 1 Nr. 3 bezeichneten Anstalten erfolgt, je nachdem welche Anstalt der Richter für geeigneter hält:

I. für die Dauer von wenigstens zwei Jahren bei Verurteilung wegen eines vorsätzlichen Verbrechens, sofern Rückfall vorliegt;

II. für die Dauer von wenigstens einem Jahr

a) bei Verurteilung zu Zuchthaus von mehr als fünf Jahren;

b) bei sonstiger Verurteilung zu Freiheitsstrafe, wenn das Verbrechen mit Müßiggang, Landstreicherei oder Prostitution im Zusammenhang steht.

(Schutzaufsicht)

Art. 94. Von den im Gesetz bereits bezeichneten Fällen abgesehen wird Schutzaufsicht für die Dauer von wenigstens einem Jahre angeordnet:

I. bei Entlassung aus den im Art. 88 § 1 Nr. II und III bezeichneten Anstalten;

II. bei bedingter Entlassung;

III. in den in den Art. 14 und 27 bezeichneten Fällen;

IV. bei Verletzung der sich aus der Ortsverweisung ergebenden Verbote;

V. bei Verletzung des Verbots, in bestimmten Lokalen zu verkehren;

VI. wenn das Gesetz die anzuwendende Maßregel der Sicherung nicht näher bestimmt.

(Vorschriften bei Schutzaufsicht)

Art. 95. Bei Anordnung der Schutzaufsicht hat der Richter dem Betroffenen Verhaltungsmaßregeln vorzuschreiben, die dazu bestimmt sind, eine erneute Verletzung des Strafgesetzes zu verhindern; sie können im Verlauf der Vollziehung geändert werden.

Einziger Paragraph. Die Überwachung erfolgt, soweit eine besondere Stelle hierfür nicht vorhanden ist, durch die Polizeibehörde.

(Verletzung der mit der Schutzaufsicht verbundenen Pflichten)

Art. 96. Bei Verletzung der mit der Schutzaufsicht verbundenen Pflichten kann der Richter unbeschadet der Vorschrift des Art. 64 einziger Paragraph die Unterbringung in einer der in Art. 88 § 1 Nr. II und III bezeichneten Anstalten bis zur Dauer von sechs Monaten anordnen.

(Ortsverweisung)

Art. 97. Die Ortsverweisung besteht in dem dem Verurteilten für die Dauer von wenigstens einem Jahr auferlegten Verbot, in dem Ort, der Gemeinde oder dem Gerichtsbezirk, in welchem das Verbrechen begangen wurde, zu wohnen oder sich aufzuhalten.

(Verbot, in bestimmten Lokalen zu verkehren)

Art. 98. Das Verbot, in bestimmten Lokalen zu verkehren, ist eine besondere Vorbeugungsmaßnahme, deren Mindestdauer beträgt:

I. ein Jahr, wenn sie bei Verurteilung wegen eines unter der Einwirkung von Alkohol begangenen Verbrechens angeordnet wird;

II. drei Monate in sonstigen Fällen.

(Untersagung eines Unternehmens oder einer Niederlassung einer Gesellschaft oder Vereinigung)

Art. 99. Die Untersagung eines Handels- oder Gewerbeunternehmens oder einer Niederlassung einer Gesellschaft oder Vereinigung kann für die Dauer von nicht weniger als zwei Wochen und nicht mehr als sechs Monaten angeordnet werden, wenn das Unternehmen, die Gesellschaft oder die Vereinigung als Mittel oder Vorwand für die Verübung einer Straftat dient.

§ 1. Die Untersagung des Unternehmens besteht darin, daß dem Verurteilten oder einem Dritten, auf den der Verurteilte es übertragen hat, verboten wird, an dem Ort denselben Handel oder dasselbe Gewerbe auszuüben.

§ 2. Die Gesellschaft oder Vereinigung, deren Niederlassung verboten ist, darf ihre Tätigkeit nicht an einem anderen Ort ausüben.

(Einziehung)

Art. 100. Der Richter hat, auch wenn die Täterschaft nicht geklärt ist, die Einziehung der Instrumente und Erzeugnisse des Verbrechens anzuordnen, sofern sie in Gegenständen bestehen, deren Herstellung, Veräußerung, Gebrauch, Bei-sich-führen oder Innehabung verboten sind.

(Maßregeln der Sicherung und Ausweisung von Ausländern)

Art. 101. Die Anordnung einer Maßregel der Sicherung schließt die Ausweisung eines Ausländers nicht aus.

VII. Titel

Strafklage

(Öffentliche Klage und Privatklage)

Art. 102. Die Strafklage ist eine öffentliche, sofern das Gesetz sie nicht ausdrücklich als Klage des Verletzten bezeichnet.

§ 1. Die öffentliche Klage wird von der Staatsanwaltschaft erhoben. Sie hängt, soweit das Gesetz es erfordert, vom Antrag des Verletzten oder vom Ersuchen des Justizministers ab.

§ 2. Die Privatklage erfolgt durch Klageerhebung des Verletzten oder dessen, der zu seiner Vertretung befugt ist.

§ 3. Die Privatklage kann bei Verbrechen, die der öffentlichen Klage unterliegen, anhängig gemacht werden, wenn die Staatsanwaltschaft das Verfahren nicht innerhalb der gesetzlichen Frist einleitet.

§ 4. Im Falle, daß der Verletzte verstorben oder durch gerichtliche Entscheidung für abwesend erklärt ist, geht das Recht, die Klage zu erheben und das Verfahren fortzusetzen, auf den Ehegatten, Verwandte aufsteigender und absteigender Linie oder Geschwister über.

(Strafklage bei zusammengesetzten Verbrechen)

Art. 103. Wenn nach dem Gesetz zu den strafbegründenden Merkmalen oder erschwerenden Umständen eines Verbrechens solche Tatumstände gehören, die schon für sich selbst Verbrechen sind, so unterliegt das Verbrechen der öffentlichen Klage, sofern die Staatsanwaltschaft auch nur hinsichtlich eines von ihnen zum Einschreiten verpflichtet ist.

(Unzulässigkeit der Zurücknahme des Strafantrags)

Art. 104. Der Strafantrag kann nach Einleitung des Verfahrens nicht zurückgenommen werden.

(Ausschluß des Rechts auf Klage und Strafantrag)

Art. 105. Soweit im Gesetz nicht ausdrücklich etwas anderes bestimmt ist, verliert der Verletzte das Recht auf Klage und Strafantrag, wenn er es nicht innerhalb von sechs Monaten ausübt, gerechnet von dem Tage, an welchem er von der Person des Täters des Verbrechens Kenntnis erlangt hat, oder im Falle des Art. 102 § 3 von dem Tage, an welchem die Frist für die Einleitung des Verfahrens abläuft.

(Ausdrücklicher oder stillschweigender Verzicht auf das Recht der Klage)

Art. 106. Das Recht der Klage kann nicht ausgeübt werden, wenn ein ausdrücklicher oder stillschweigender Verzicht auf dieses erfolgt ist.

Einziger Paragraph. Stillschweigender Verzicht auf das Recht der Klage liegt in der Vornahme einer Handlung, die mit dem Willen, es auszuüben, unvereinbar ist; er ist jedoch darin, daß der Verletzte den Ersatz des durch das Verbrechen verursachten Schadens annimmt, nicht enthalten.

(Verzeihung seitens des Verletzten)

Art. 107. Die Verzeihung seitens des Verletzten steht bei solchen Verbrechen, die lediglich im Wege der Privatklage verfolgt werden, der Fortsetzung des Verfahrens entgegen.

§ 1. Die Verzeihung, sei es, daß sie inner- oder außerhalb des Verfahrens, ausdrücklich oder stillschweigend gewährt worden ist:

I. kommt, wenn sie einem der Beklagten eingeräumt worden ist, allen zugute;

II. beeinträchtigt, wenn sie von einem der Verletzten eingeräumt worden ist, nicht die Rechte der anderen;

III. bleibt, wenn der Beklagte die Annahme verweigert, ohne Wirkung.

§ 2. Stillschweigende Verzeihung liegt in der Vornahme einer Handlung, die mit dem Willen, das Verfahren fortzusetzen, unvereinbar ist.

§ 3. Verzeihung ist nach Rechtskraft eines verurteilenden Erkenntnisses nicht mehr zulässig.

VIII. Titel

Erlöschen der Strafbarkeit

(Erlöschen der Strafbarkeit)

Art. 108. Die Strafbarkeit erlischt:

I. durch den Tod des Täters;

II. durch Amnestie, Einzel- oder Gesamtbegnadigung;

III. durch Rückwirkung eines Gesetzes, nach welchem die Handlung nicht mehr Verbrechen ist;

IV. durch Verjährung (prescrição), Ablauf der Ausschlußfrist (decadência) oder Erlöschen der Klage (perempção);

V. durch Verzicht auf das Recht der Klage oder Annahme der Verzeihung bei Verbrechen, die im Wege der Privatklage verfolgt werden;

VI. durch Rehabilitierung;

VII. durch Widerruf seitens des Täters in den vom Gesetz zugelassenen Fällen;

VIII. durch Heirat des Täters mit der Verletzten bei Sittlichkeitsverbrechen gemäß Titel VI Kapitel I, II und III des Besonderen Teils;

IX. durch Wiedergutmachung des Schadens bei fahrlässiger Mitwirkung eines Beamten zur Unterschlagung oder Wegnahme von Gegenständen, die sich in amtlichem Gewahrsam befinden (peculato culposo)[2]).

Einziger Paragraph. Das Erlöschen der Strafbarkeit eines Verbrechens, welches strafbegründendes Merkmal oder erschwerender Umstand eines anderen ist, erstreckt sich nicht auf das letztere. Bei zusammengesetzten Verbrechen steht das Erlöschen der Strafbarkeit eines von ihnen hinsichtlich des anderen nicht der Straferhöhung entgegen, die sich aus ihrer Verbindung ergibt.

(Verjährung vor Rechtskraft des Urteils)

Art. 109. Die Verjährung vor Rechtskraft des Urteils wird unbeschadet der Vorschrift des Art. 110 einziger Paragraph nach dem Höchstbetrag der Freiheitsstrafe, die für das Verbrechen angedroht ist, bestimmt.

Sie tritt ein:

I. in zwanzig Jahren, wenn das Höchstmaß der Strafe höher als 12 Jahre ist;

II. in sechzehn Jahren, wenn das Höchstmaß der Strafe mehr als acht Jahre beträgt und zwölf Jahre nicht übersteigt;

III. in zwölf Jahren, wenn das Höchstmaß der Strafe mehr als vier Jahre beträgt und acht Jahre nicht übersteigt;

IV. in acht Jahren, wenn das Höchstmaß der Strafe mehr als zwei Jahre beträgt und vier Jahre nicht übersteigt;

V. in vier Jahren, wenn das Höchstmaß der Strafe ein Jahr beträgt oder, falls es höher ist, zwei Jahre nicht übersteigt;

VI. in zwei Jahren, wenn das Höchstmaß der Strafe geringer als ein Jahr ist.

(Verjährung nach Rechtskraft des verurteilenden Erkenntnisses)

Art. 110. Die Verjährung nach Rechtskraft des verurteilenden Erkenntnisses bestimmt sich nach der verhängten Strafe und tritt in den im voran-

---

2) Anm. des Übersetzers: Vgl. Art. 312 § 2.

gegangenen Artikel bezeichneten Zeiträumen ein, die sich um ein Drittel erhöhen, wenn der Verurteilte rückfällig ist.

(Verjährung im Falle eines verurteilenden Erkenntnisses, gegen welches nur der Angeklagte Rechtsmittel eingelegt hatte)

Einziger Paragraph. Die Verjährung im Falle eines verurteilenden Erkenntnisses, gegen welches nur der Angeklagte Rechtsmittel eingelegt hat, wird auch nach der verhängten Strafe bestimmt und tritt in den gleichen Zeiträumen ein.

(Beginn der Verjährung vor Rechtskraft des Urteils)

Art. 111. Die Verjährung vor Rechtskraft des Urteils beginnt zu laufen:

a) mit dem Tage, an welchem das Verbrechen vollendet wurde;

b) im Falle des Versuchs mit dem Tage, an welchem die verbrecherische Tätigkeit endete;

c) bei den Dauer- oder fortgesetzten Verbrechen mit dem Tage, an welchem die Fortdauer oder Fortsetzung endete;

d) bei dem Verbrechen der Bigamie und der fälschlichen Herstellung oder Änderung einer Eintragung im Personenstandsregister in dem Zeitpunkt, in welchem die Tat bekannt wurde.

(Beginn der Verjährung nach Rechtskraft des Urteils)

Art. 112. Im Falle des Art. 110 beginnt die Verjährung zu laufen:

a) mit dem Tage, an welchem das verurteilende Erkenntnis rechtskräftig oder der bedingte Strafaufschub oder die bedingte Strafentlassung widerrufen wird;

b) mit dem Tage, an welchem die Vollstreckung unterbrochen wird, es sei denn, daß die Zeit der Unterbrechung auf die Strafe anzurechnen ist.

(Verjährung im Falle des Entweichens des Verurteilten oder des Widerrufs der bedingten Entlassung)

Art. 113. Im Falle des Entweichens des Verurteilten oder des Widerrufs der bedingten Entlassung wird die Verjährung nach derjenigen Zeit bestimmt, die von der Strafe übrig bleibt.

(Verjährung bei Geldstrafe)

Art. 114. Die Verjährung einer Geldstrafe tritt in zwei Jahren ein, wenn diese allein verhängt ist oder diejenige Strafe darstellt, die noch nicht vollzogen ist.

(Verkürzung der Verjährungsfristen)

Art. 115. Verkürzung der Verjährungsfristen um die Hälfte tritt ein, wenn der Täter zur Zeit des Verbrechens jünger als einundzwanzig oder älter als siebzig Jahre ist.

(Ruhen der Verjährung)

Art. 116. Die Verjährung vor Rechtskraft des Urteils läuft nicht:

I. solange nicht in einem anderen Verfahren eine Frage entschieden ist, von welcher die Feststellung des Verbrechens abhängt;

II. solange der Täter eine Strafe im Ausland verbüßt.

Einziger Paragraph. Nach Eintritt der Rechtskraft des verurteilenden Erkenntnisses läuft die Verjährungsfrist während derjenigen Zeit nicht, in welcher der Verurteilte in einer anderen Sache in Haft ist.

(Unterbrechung der Verjährung)

Art. 117. Der Lauf der Verjährung wird unterbrochen:

I. durch Eingang der Anzeige oder der Klage;

II. durch die Verfügung, durch welche jemand der Täterschaft eines Verbrechens für verdächtig erklärt wird;

III. durch die diese Verfügung bestätigende Entscheidung;

IV. durch das eine Verurteilung aussprechende, noch einem Rechtsmittel unterliegende Urteil;

V. durch Beginn oder Fortsetzung der Strafverbüßung;

VI. durch Rückfall.

§ 1. Abgesehen von dem in Nr. VI bezeichneten Fall tritt die Wirkung der Unterbrechung der Verjährung hinsichtlich aller am Verbrechen Beteiligten ein. Bei zusammengesetzten Verbrechen, die Gegenstand desselben Verfahrens sind, erstreckt sich die hinsichtlich eines Verbrechens eintretende Unterbrechung auf die anderen.

§ 2. Ist die Verjährung unterbrochen, so beginnt vorbehaltlich des in Nr. V bezeichneten Falles die ganze Frist vom Tage der Unterbrechung an von neuem zu laufen.

(Absorption der leichteren Strafen)

Art. 118. Die leichteren Strafen verjähren zugleich mit den schwereren.

(Unverjährbarkeit der Nebenstrafen)

Einziger Paragraph. Die im Urteil verhängten oder aus der Verurteilung folgenden Nebenstrafen sind unverjährbar.

(Rehabilitierung)

Art. 119. Durch Rehabilitierung erlischt die Strafe der Untersagung von Rechten. Sie kann nur nach Ablauf von vier Jahren, gerechnet von dem Tage, an welchem der Vollzug der Hauptstrafe oder der mit Freiheitsentziehung verbundenen Maßregel der Sicherung endet, gewährt werden, sofern der Verurteilte:

I. während dieser Zeit überzeugende Beweise guter Führung gegeben hat;

II. den durch das Verbrechen verursachten Schaden wieder gut gemacht hat, sofern er hierzu imstande war.

§ 1. Wenn der Verurteilte rückfällig ist, beträgt der Mindestzeitraum für die Rehabilitierung acht Jahre.

(Strafen, die durch die Rehabilitierung nicht erlöschen)

§ 2. Die Rehabilitierung kann nicht in bezug auf die Unfähigkeit zur Ausübung der väterlichen Gewalt, der Vormundschaft, der Pflegeschaft oder der ehemännlichen Gewalt gewährt werden, wenn sie wegen eines Verbrechens gegen die Sittlichkeit, welches der Verurteilte zum Nachteil seines Kindes, Mündels oder Pflegebefohlenen begangen hat, oder wegen des Verbrechens der Kuppelei gegenüber der eigenen Ehefrau eingetreten ist.

(Zeitraum für die Erneuerung des Gesuchs)

§ 3. Wird die Rehabilitierung versagt, so kann sie erst nach Ablauf von zwei Jahren wieder nachgesucht werden.

(Widerruf der Rehabilitierung)

Art. 120. Die Rehabilitierung wird mit der Wirkung, daß sie nicht mehr von neuem gewährt werden kann, widerrufen, wenn der Rehabilitierte durch rechtskräftiges Urteil erneut zu Freiheitsstrafe verurteilt wird.

Besonderer Teil

I. Titel
Verbrechen gegen die Person

I. Kapitel
Verbrechen gegen das Leben

(Einfache Tötung)

Art. 121. Jemanden töten:

Strafe — Zuchthaus von sechs bis zu zwanzig Jahren.

(Fall der Strafminderung)

§ 1. Wenn der Täter das Verbrechen veranlaßt durch einen Beweggrund von erheblichem sozialen oder sittlichen Wert oder unter der Herrschaft einer heftigen Gemütsbewegung unmittelbar im Gefolge einer ungerechtfertigten Herausforderung des Verletzten begeht, so kann der Richter die Strafe um ein Sechstel bis um ein Drittel mindern.

(Qualifizierte Tötung)

§ 2. Wenn die Tötung begangen wird:

I. gegen die Gewährung oder das Versprechen einer Belohnung oder aus einem anderen niedrigen Beweggrund,

II. aus einem nichtigen Beweggrund,

III. unter Anwendung von Gift, Feuer, Explosivstoffen, Erstickungsmitteln, Folterung oder anderen hinterlistigen oder grausamen Mitteln oder solchen, aus denen eine Gemeingefahr hervorgehen konnte,

IV. verräterisch, hinterhältig oder vermittels Täuschung oder anderer Mittel, die dem Verletzten die Verteidigung erschweren oder unmöglich machen,

V. um die Ausführung, Verdeckung, Straflosigkeit oder Vorteile eines anderen Verbrechens zu sichern:

Strafe — Zuchthaus von zwölf bis zu dreißig Jahren.

(Fahrlässige Tötung)

§ 3. Wenn die Tötung fahrlässig begangen ist:

Strafe — Gefängnis von einem bis zu drei Jahren.

(Erhöhung der Strafe)

§ 4. Bei der fahrlässigen Tötung wird die Strafe um ein Drittel erhöht, wenn das Verbrechen unter Außerachtlassung der durch einen Beruf, ein Gewerbe oder ein Amt gebotenen Pflichten begangen ist oder wenn der Täter es unterlassen hat, dem Verletzten sofort Hilfe zu leisten, sich nicht bemüht hat, die Folgen seiner Tat zu mindern, oder geflüchtet ist, um der Festnahme auf frischer Tat zu entgehen.

(Verleitung, Anstiftung oder Hilfeleistung zum Selbstmord)

Art. 122. Jemanden zum Selbstmord verleiten oder anstiften oder Hilfe leisten, damit er ihn begehe:

Strafe — Zuchthaus von zwei bis zu sechs Jahren, wenn der Selbstmord zur Vollendung gelangt ist, oder Zuchthaus von einem bis zu drei Jahren, wenn der Versuch des Selbstmordes eine schwere Körperverletzung zur Folge gehabt hat.

(Straferhöhung)

Einziger Paragraph. Die Strafe wird verdoppelt:

I. wenn das Verbrechen aus selbstsüchtigen Beweggründen begangen ist;

II. wenn der Verletzte minderjährig oder seine Widerstandskraft aus irgendeinem Grunde gemindert ist.

(Kindestötung)

Art. 123. Unter dem Einfluß des Geburtsaktes das eigene Kind während oder gleich nach der Geburt töten:

Strafe — Gefängnis von zwei bis zu sechs Jahren.

(Fehlgeburt, die durch die Schwangere oder mit ihrem Einverständnis herbeigeführt ist)

Art. 124. Eine Fehlgeburt bei sich entweder selbst herbeiführen oder zustimmen, daß ein anderer sie herbeiführt;

Strafe — Gefängnis von einem bis zu drei Jahren.

(Durch einen Dritten herbeigeführte Fehlgeburt)

Art. 125. Eine Fehlgeburt ohne Zustimmung der Schwangeren herbeiführen:

Strafe — Zuchthaus von drei bis zu zehn Jahren.

Art. 126. Eine Fehlgeburt mit Zustimmung der Schwangeren herbeiführen:

Strafe — Zuchthaus von einem bis zu vier Jahren.

Einziger Paragraph. Die im vorangegangenen Artikel vorgesehene Strafe findet jedoch Anwendung, wenn die Schwangere nicht älter als vierzehn Jahre oder geisteskrank oder geistesschwach ist oder wenn die Zustimmung mittels Täuschung, schwerer Bedrohung oder Gewalt erlangt ist.

(Qualifizierung)

Art. 127. Die in den beiden vorangegangenen Artikeln angedrohten Strafen werden um ein Drittel erhöht, wenn die Schwangere infolge der Fehlgeburt oder der zur Herbeiführung angewandten Mittel eine schwere Körperverletzung erleidet; sie werden auf das Doppelte erhöht, wenn aus einem dieser Gründe der Tod eintritt.

(Fehlgeburt bei Notstand. Fehlgeburt im Falle einer durch Notzucht herbeigeführten Schwangerschaft)

Art. 128. Straflos bleibt die Herbeiführung der Fehlgeburt durch einen Arzt:

I. wenn es kein anderes Mittel gibt, das Leben der Schwangeren zu retten;

II. wenn die Schwangerschaft durch Notzucht herbeigeführt ist und die Zustimmung der Schwangeren oder, wenn sie zu einer solchen nicht fähig war, die ihres gesetzlichen Vertreters der Herbeiführung der Fehlgeburt vorausgegangen ist.

II. Kapitel

Körperverletzung

(Körperverletzung)

Art. 129. Die körperliche Unversehrtheit oder die Gesundheit eines anderen verletzen:

Strafe — Gefängnis von drei Monaten bis zu einem Jahr.

(Schwere Körperverletzung)

§ 1. Wenn die Körperverletzung zur Folge hat:

I. Unfähigkeit zur gewohnten Beschäftigung für mehr als dreißig Tage;

II. Lebensgefahr;

III. dauernde Beeinträchtigung eines Gliedes, eines der Sinne oder einer Körperfunktion;

IV. vorzeitige Herbeiführung der Geburt:

Strafe — Zuchthaus von einem bis zu fünf Jahren.

§ 2. Wenn sie zur Folge hat:

I. dauernde Arbeitsunfähigkeit;

II. unheilbare Krankheit;

III. Verlust oder Unbrauchbarkeit eines Gliedes, eines der Sinne oder einer Körperfunktion;

IV. dauernde Entstellung;

V. Fehlgeburt:

Strafe — Zuchthaus von zwei bis zu acht Jahren.

(Körperverletzung mit nachfolgendem Tod)

§ 3. Wenn die Körperverletzung den Tod zur Folge hat und die Umstände ersichtlich machen, daß der Täter den Erfolg nicht wollte, noch die Gefahr auf sich nahm, ihn herbeizuführen:

Strafe — Zuchthaus von vier bis zu zwölf Jahren.

(Minderung der Strafe)

§ 4. Wenn der Täter das Verbrechen veranlaßt durch einen Beweggrund von erheblichem sozialen oder sittlichen Wert oder unter der Herrschaft einer heftigen Gemütsbewegung unmittelbar im Gefolge einer ungerechtfertigten Herausforderung des Verletzten begeht, so kann der Richter die Strafe um ein Sechstel bis um ein Drittel mindern.

(Ersatz der Strafe durch eine andere)

§ 5. Der Richter kann, wenn die Verletzungen nicht schwer sind, die Gefängnisstrafe durch eine Geldstrafe von zweihundert bis zu zweitausend Cruzeiros ersetzen:

I. sofern eine der im vorangegangenen Paragraphen bezeichneten Voraussetzungen vorliegt;

II. wenn die Verletzungen wechselseitig sind.

(Fahrlässige Körperverletzung)

§ 6. Wenn die Verletzung fahrlässig herbeigeführt ist:
Strafe — Gefängnis von zwei Monaten bis zu einem Jahr.

(Erhöhung der Strafe)

§ 7. Im Falle einer fahrlässigen Körperverletzung wird die Strafe um ein Drittel erhöht, wenn eine der im Art. 121 § 4 bezeichneten Voraussetzungen vorliegt.

III. Kapitel

Gefährdung des Lebens und der Gesundheit

(Gefahr der Ansteckung mit einer Geschlechtskrankheit)

Art. 130. Jemanden durch Geschlechtsverkehr oder irgendeinen sonstigen geschlechtlichen Akt der Ansteckung mit einer Geschlechtskrankheit aussetzen, von der der Täter weiß, daß er mit ihr behaftet ist:
Strafe — Gefängnis von drei Monaten bis zu einem Jahr oder Geldstrafe von eintausend bis zu fünftausend Cruzeiros.

§ 1. Wenn es die Absicht des Täters war, die Krankheit zu übertragen:
Strafe — Zuchthaus von einem bis zu vier Jahren und Geldstrafe von zweitausend bis zu zehntausend Cruzeiros.

§ 2. Die Verfolgung tritt nur auf Antrag ein.

(Gefahr der Ansteckung mit einer schweren Krankheit)

Art. 131. In der Absicht, eine schwere Krankheit, mit der der Täter behaftet ist, auf einen anderen zu übertragen, eine Handlung vornehmen. die geeignet ist, Ansteckung zu bewirken:
Strafe — Zuchthaus von einem bis zu vier Jahren und Geldstrafe von zweitausend bis zu zehntausend Cruzeiros.

(Gefährdung des Lebens oder der Gesundheit eines anderen)

Art. 132. Leben oder Gesundheit eines anderen einer unmittelbar drohenden Gefahr aussetzen:
Strafe — Gefängnis von drei Monaten bis zu einem Jahr, wenn die Tat nicht ein schwereres Verbrechen darstellt.

(Verlassen Hilfloser)

Art. 133. Eine Person verlassen, die unter der Fürsorge, Obhut, Aufsicht oder Autorität des Täters steht und aus irgendeinem Grunde unfähig ist, sich gegen die Gefahren, die sich aus dem Verlassen ergeben, zu schützen:
Strafe — Gefängnis von sechs Monaten bis zu drei Jahren.

§ 1. Wenn das Verlassen eine schwere Körperverletzung zur Folge hat:
Strafe — Zuchthaus von einem bis zu fünf Jahren.

§ 2. Wenn es den Tod zur Folge hat:
Strafe — Zuchthaus von vier bis zu zwölf Jahren.

(Erhöhung der Strafe)

§ 3. Die in diesem Artikel angedrohten Strafen werden um ein Drittel erhöht:

I. wenn das Verlassen an einem einsamen Ort erfolgt;

II. wenn der Täter Verwandter auf- oder absteigender Linie, Ehegatte, Bruder, Schwester, Vormund oder Pfleger des Verletzten ist.

(Aussetzen oder Verlassen eines Neugeborenen)

Art. 134. Aussetzen oder Verlassen eines Neugeborenen, um die eigene Schande zu verbergen:

Strafe — Gefängnis von sechs Monaten bis zu zwei Jahren.

§ 1. Wenn die Tat eine schwere Körperverletzung zur Folge hat:
Strafe — Gefängnis von einem bis zu drei Jahren.

§ 2. Wenn sie den Tod zur Folge hat:
Strafe — Gefängnis von zwei bis zu sechs Jahren.

(Unterlassene Hilfeleistung)

Art. 135. Unterlassen, einer invaliden oder verletzten Person in hilflosem Zustand oder in drohender schwerer Gefahr Hilfe zu leisten, wenn dies ohne Gefahr für die eigene Person möglich ist; oder in Fällen dieser Art nicht obrigkeitliche Hilfe nachsuchen:

Strafe — Gefängnis von einem bis zu sechs Monaten oder Geldstrafe von dreihundert bis zu zweitausend Cruzeiros.

Einziger Paragraph. Die Strafe erhöht sich um die Hälfte, wenn die Unterlassung eine schwere Körperverletzung zur Folge hat, und auf das Dreifache, wenn sie den Tod zur Folge hat.

(Mißhandlung)

Art. 136. Leben oder Gesundheit einer Person, die zum Zwecke von Erziehung, Unterricht, ärztlicher Behandlung oder Beaufsichtigung unter der Autorität, Obhut oder Aufsicht des Täters steht, der Gefahr für Leben oder Gesundheit aussetzen, indem er ihr die erforderliche Ernährung oder Fürsorge vorenthält oder ihr übermäßige oder unangemessene Arbeit auferlegt oder Besserungs- oder Zuchtmittel mißbraucht:

Strafe — Gefängnis von zwei Monaten bis zu einem Jahre oder Geldstrafe von fünfhundert bis zu fünftausend Cruzeiros.

§ 1. Wenn die Handlung eine schwere Körperverletzung zur Folge hat:
Strafe — Zuchthaus von einem bis zu vier Jahren.

§ 2. Wenn sie den Tod zur Folge hat:
Strafe — Zuchthaus von vier bis zu zwölf Jahren.

IV. Kapitel

Schlägerei

(Schlägerei)

Art. 137. An einer Schlägerei teilnehmen, ausgenommen um die Streitenden zu trennen:

Strafe — Gefängnis von zwei Wochen bis zu zwei Monaten oder Geldstrafe von zweihundert bis zu eintausend Cruzeiros.

Einziger Paragraph. Wenn der Tod oder eine schwere Körperverletzung einer Person eintritt, wird die Beteiligung an der Schlägerei mit Gefängnis von sechs Monaten bis zu zwei Jahren bestraft.

V. Kapitel

Verbrechen gegen die Ehre

(Verleumdung — calúnia)

Art. 138. Jemanden dadurch verleumden, daß ihm fälschlicherweise eine Handlung, die ein Verbrechen darstellt, zugeschrieben wird:

Strafe — Gefängnis von sechs Monaten bis zu zwei Jahren und Geldstrafe von eintausend bis zu dreitausend Cruzeiros.

§ 1. Dieselbe Strafe verwirkt, wer die Verleumdung öffentlich bekanntmacht oder verbreitet, obwohl ihm ihre Unrichtigkeit bekannt ist.

§ 2. Strafbar ist auch die Verleumdung Verstorbener.

(Wahrheitsbeweis)

§ 3. Der Wahrheitsbeweis ist zulässig, ausgenommen:

I. wenn der Beleidigte nicht durch rechtskräftiges Erkenntnis verurteilt ist, falls die ihm zugeschriebene Handlung im Wege der Privatklage zu verfolgen ist;

II. wenn die Handlung einer der in Art. 141 Nr. 1 bezeichneten Personen zugeschrieben wird;

III. wenn der Beleidigte von dem ihm zugeschriebenen Verbrechen rechtskräftig freigesprochen ist, auch wenn es im Wege der öffentlichen Klage zu verfolgen ist.

(Üble Nachrede — difamação)

Art. 139. Jemanden dadurch in üblen Ruf bringen, daß ihm eine Handlung, die seinem Ansehen nachteilig ist, zugeschrieben wird:

Strafe — Gefängnis von drei Monaten bis zu einem Jahre und Geldstrafen von fünfhundert bis zu dreitausend Cruzeiros.

(Einwand der Wahrheit)

Einziger Paragraph. Der Einwand der Wahrheit ist nur zulässig, wenn der Beleidigte Träger eines öffentlichen Amtes ist und die Beleidigung sich auf die Ausübung seiner Amtsfunktionen bezieht.

(Beleidigung — injúria)

Art. 140. Jemanden dadurch beleidigen, daß seine Würde oder Achtung angegriffen wird:

Strafe — Gefängnis von einem bis zu sechs Monaten oder Geldstrafe von fünfhundert bis zu zweitausend Cruzeiros.

§ 1. Der Richter kann den Täter straflos lassen:

I. wenn der Beleidigte in mißbilligenswerter Weise die Beleidigung unmittelbar herausgefordert hat;

II. im Falle unmittelbarer Erwiderung mit einer anderen Beleidigung.

§ 2. Wenn die Beleidigung in Gewaltanwendung oder Tätlichkeiten besteht, die durch ihre Natur oder das angewandte Mittel herabwürdigend sind:

Strafe — Gefängnis von drei Monaten bis zu einem Jahr und Geldstrafe von fünfhundert bis zu dreitausend Cruzeiros außer der durch die Gewaltanwendung verwirkten Strafe.

(Gemeinsame Bestimmungen)

Art. 141. Die in diesem Kapitel angedrohten Strafen werden um ein Drittel erhöht, wenn eines der Verbrechen begangen ist:

I. gegen den Präsidenten der Republik oder gegen das Haupt einer ausländischen Regierung;

II. gegen den Träger eines öffentlichen Amtes in bezug auf seine amtlichen Funktionen;

III. in Gegenwart mehrerer Personen oder in einer Weise, die die Verbreitung der Verleumdung, üblen Nachrede oder Beleidigung erleichtert.

Einziger Paragraph. Wenn das Verbrechen gegen die Gewährung oder das Versprechen einer Belohnung begangen ist, erhöht sich die Strafe auf das Doppelte.

(Ausschluß der Strafbarkeit)

Art. 142. Eine strafbare Beleidigung oder üble Nachrede liegt nicht vor:

I. wenn ein Angriff auf die Ehre vor Gericht bei Erörterung einer Rechtssache durch eine Partei oder deren Vertreter begangen ist;

II. im Falle eines tadelnden Urteils bei literarischer, künstlerischer oder wissenschaftlicher Kritik, außer wenn eindeutig die Absicht der Beleidigung oder üblen Nachrede vorliegt;

III. im Falle einer nachteiligen Äußerung, die von dem Träger eines öffentlichen Amtes gutachtlich oder zwecks Auskunft in Erfüllung seiner Amtspflicht abgegeben worden ist.

Einziger Paragraph. In den Fällen der Nr. I und III ist derjenige wegen Beleidigung oder übler Nachrede verantwortlich, der die Äußerung bekanntmacht.

(Widerruf)

Art. 143. Der Angeklagte, der vor Urteilserlaß die Verleumdung oder üble Nachrede in vollem Umfang widerruft, bleibt straffrei.

Art. 144. Wenn sich aus Bezugnahmen, Andeutungen oder Ausdrücken der Schluß auf eine Verleumdung, üble Nachrede oder Beleidigung ergibt, so kann derjenige, der sich für beleidigt erachtet, Aufklärung verlangen. Wer sie verweigert oder nach dem Urteil des Richters nicht in befriedigender Weise gibt, ist wegen eines Angriffs auf die Ehre verantwortlich.

Art. 145. Die in diesem Kapitel bezeichneten Verbrechen werden nur im Wege der Privatklage verfolgt, sofern nicht im Fall des Art. 140 § 2 die Gewaltanwendung eine Körperverletzung zur Folge hat.

Einziger Paragraph. Im Falle des Art. 141 Nr. I wird das Verfahren auf Ersuchen des Justizministers, im Falle des gleichen Artikels Nr. II auf Antrag des Verletzten eingeleitet.

VI. Kapitel
Verbrechen gegen die Freiheit des Einzelnen

I. Abschnitt
Verbrechen gegen die persönliche Freiheit

(Rechtswidrige Nötigung)

Art. 146. Jemanden durch Gewalt oder schwere Bedrohung oder, nachdem der Täter die Widerstandskraft eines anderen durch irgendein sonstiges Mittel herabgesetzt hat, nötigen, nicht zu tun, was nach dem Gesetz zulässig ist, oder zu tun, wozu nach dem Gesetz eine Pflicht nicht besteht:

Strafe — Gefängnis von drei Monaten bis zu einem Jahr oder Geldstrafe von fünfhundert bis zu fünftausend Cruzeiros.

(Erhöhung der Strafe)

§ 1. Die Strafen werden kumulativ und in doppelter Höhe angewandt, wenn mehr als drei Personen sich zur Ausführung des Verbrechens verbunden haben oder diese unter Anwendung von Waffen erfolgt.

§ 2. Außer den angedrohten Strafen sind auch die für die Gewaltanwendung vorgesehenen Strafen zu verhängen.

§ 3. Von den Vorschriften dieses Artikels werden nicht betroffen:

I. ein ärztlicher oder chirurgischer Eingriff, der ohne die Zustimmung des Kranken oder seines gesetzlichen Vertreters vorgenommen wird, sofern er durch unmittelbare Lebensgefahr gerechtfertigt ist;

II. ein Zwang, der zur Verhinderung eines Selbstmordes ausgeübt wird.

(Bedrohung)

Art. 147. Jemanden mündlich, schriftlich, durch Gebärden oder irgendein anderes sinnbildliches Mittel mit der Zufügung eines schweren rechtswidrigen Übels bedrohen:

Strafe — Gefängnis von einem bis zu sechs Monaten oder Geldstrafe von dreihundert bis zu zweitausend Cruzeiros.

Einziger Paragraph. Die Verfolgung tritt nur auf Antrag ein.

(Einsperrung [sequestro] oder private Gefangenhaltung [cárcere privado])

Art. 148. Jemanden durch Einsperrung oder private Gefangenhaltung seiner Freiheit berauben:

Strafe — Zuchthaus von einem bis zu drei Jahren.

§ 1. Die Strafe ist Zuchthaus von zwei bis zu fünf Jahren;

I. wenn der Verletzte ein Verwandter auf- oder absteigender Linie oder der Ehegatte des Täters ist;

II. wenn das Verbrechen durch Internierung in einem Krankenhaus oder Hospital begangen wird;

III. wenn die Freiheitsberaubung mehr als zwei Wochen dauert.

§ 2. Wenn dem Verletzten durch schlechte Behandlung oder die Art der Einsperrung ein schwerer körperlicher oder geistiger Schaden entstanden ist:

Strafe — Zuchthaus von zwei bis zu acht Jahren.

(Versetzen in einen sklavenähnlichen Zustand)

Art. 149. Jemanden in einen sklavenähnlichen Zustand versetzen:

Strafe — Zuchthaus von zwei bis zu acht Jahren.

II. Abschnitt

Verbrechen gegen die Unverletzlichkeit der Wohnung

(Verletzung des Hausfriedens)

Art. 150. Eintreten oder Verbleiben heimlich oder unter Gebrauch von Täuschungsmitteln oder gegen den ausdrücklichen oder stillschweigenden Willen des Berechtigten in einem fremden Hause oder dem damit verbundenen Besitztum:

Strafe — Gefängnis von einem bis zu drei Monaten oder Geldstrafe von dreihundert bis zu zweitausend Cruzeiros.

§ 1. Wenn das Verbrechen während der Nacht oder an einsamem Ort oder unter Anwendung von Gewalt oder einer Waffe oder von zwei oder mehreren Personen begangen ist:

Strafe — Gefängnis von sechs Monaten bis zu zwei Jahren außer der für die Gewaltanwendung verwirkten Strafe.

§ 2. Die Strafe erhöht sich um ein Drittel, wenn die Tat durch den Inhaber eines öffentlichen Amtes außerhalb des Kreises der gesetzlich zugelassenen Fälle oder unter Nichtbeachtung der vom Gesetz vorgeschriebenen Form oder unter Mißbrauch seiner Machtbefugnisse begangen ist.

§ 3. Das Eintreten oder das Verbleiben in einem fremden Hause oder dem zugehörigen Besitztum stellt kein Verbrechen dar, wenn diese Handlungen vorgenommen werden:

I. während des Tages unter Beobachtung der vom Gesetz vorgeschriebenen Form, um eine Verhaftung oder einen anderen Vollstreckungsakt vorzunehmen;

II. zu jeder Tages- oder Nachtzeit, wenn an dem Ort ein Verbrechen gerade begangen wird oder seine Begehung unmittelbar bevorsteht.

§ 4. Haus im Sinne dieser Bestimmung ist:

I. jeder bewohnte Raum;

II. ein der Wohnung von Menschen dienendes Gebäude;

III. ein nicht dem freien Zutritt offenstehender Raum, in welchem ein Beruf oder eine Tätigkeit ausgeübt wird.

§ 5. Haus im Sinne dieser Vorschrift ist nicht:

I. eine Herberge, ein Gasthaus oder eine andere dem Aufenthalt mehrerer dienende, dem allgemeinen Zutritt geöffnete Wohnstätte, unbeschadet der im vorangehenden Paragraphen unter Nr. II enthaltenen Einschränkung;

II. eine Gastwirtschaft, ein Spielsaal oder andere Räume dieser Art.

III. Abschnitt

Verbrechen gegen die Unverletzlichkeit des Briefverkehrs

(Verletzung des Briefgeheimnisses)

Art. 151. Unberechtigtes Kenntnisnehmen von dem Inhalt einer verschlossenen, an einen anderen gerichteten Korrespondenz:

Strafe — Gefängnis von einem bis zu sechs Monaten oder Geldstrafe von dreihundert bis zu zweitausend Cruzeiros.

§ 1. Dieselbe Strafe verwirkt:

(Unterdrückung oder Vernichtung von Korrespondenz)

I. wer sich unberechtigt in den Besitz fremder auch nicht verschlossener Korrespondenz setzt und sie ganz oder teilweise unterdrückt oder vernichtet;

(Verletzung des Telegraphen-, Funktelegraphen- oder Telephongeheimnisses)

II. wer unberechtigt eine an einen Dritten gerichtete telegraphische oder funkentelegraphische Mitteilung oder ein zwischen anderen Personen geführtes Telephongespräch bekanntmacht, einem anderen übermittelt oder mißbräuchlich benutzt;

III. wer eine Miteilung oder ein Gespräch der in der vorangegangenen Ziffer bezeichneten Art verhindert;

IV. wer eine Funkstation oder einen Funkapparat ohne Beachtung der gesetzlichen Bestimmungen einrichtet oder gebraucht.

§ 2. Die Strafen werden um die Hälfte erhöht, wenn für einen anderen ein Schaden entstanden ist.

§ 3. Wenn der Täter das Verbrechen unter Mißbrauch seiner Funktionen im Post-, Telegraphen-, Funktelegraphen- oder Telephondienst begeht:

Strafe — Gefängnis von einem bis zu drei Jahren.

§ 4. Die Verfolgung tritt mit Ausnahme der Fälle des § 1 Nr. IV und des § 3 nur auf Antrag ein.

(Handelskorrespondenz)

Art. 152. Die Stellung als Gesellschafter oder Angestellter eines Handels- oder Gewerbeunternehmens mißbrauchen, um ganz oder teilweise Korrespondenz zu entfernen, zu unterdrücken, wegzunehmen, zu verheimlichen oder einem Außenstehenden ihren Inhalt bekannt zu geben:

Strafe — Gefängnis von drei Monaten bis zu zwei Jahren.

Einziger Paragraph. Die Verfolgung tritt nur auf Antrag ein.

IV. Abschnitt

Verbrechen gegen die Unverletzlichkeit von Geheimnissen

(Verbreiten von Geheimnissen)

Art. 153. Jemandem ohne berechtigten Grund den Inhalt einer sich auf Privatangelegenheiten beziehenden Urkunde oder vertraulichen Korrespondenz, deren Adressat oder Inhaber der Täter ist und deren Bekanntgabe die Schädigung eines anderen hervorrufen kann, bekannt geben:

Strafe — Gefängnis von einem bis zu sechs Monaten oder Geldstrafe von dreihundert bis zu zweitausend Cruzeiros.

Einziger Paragraph. Die Verfolgung tritt nur auf Antrag ein.

(Verletzung eines Berufsgeheimnisses)

Art. 154. Jemandem ohne berechtigten Grund ein Geheimnis bekannt geben, von dem der Täter auf Grund seines Dienstes, sozialer, caritativer oder geistlicher Tätigkeit, einer Obliegenheit oder seines Berufes Kenntnis hat und dessen Offenbarung dem Betroffenen Schaden bringen kann:

Strafe — Gefängnis von drei Monaten bis zu einem Jahr oder Geldstrafe von eintausend bis zu zehntausend Cruzeiros.

Einziger Paragraph. Die Verfolgung tritt nur auf Antrag ein.

II. Titel

Verbrechen gegen das Vermögen

I. Kapitel

Diebstahl

(Diebstahl)

Art. 155. Für sich oder einen anderen eine fremde bewegliche Sache wegnehmen:

Strafe — Zuchthaus von einem bis zu vier Jahren und Geldstrafe von fünfhundert bis zu zehntausend Cruzeiros.

§ 1. Die Strafe erhöht sich um ein Drittel, wenn das Verbrechen während der Nachtruhe begangen ist.

§ 2. Der Richter kann die Zuchthausstrafe durch Gefängnisstrafe ersetzen, sie um ein bis um zwei Drittel vermindern oder allein Geldstrafe verhängen, wenn der Täter nicht rückfällig und die gestohlene Sache von geringem Wert ist.

§ 3. Einer beweglichen Sache wird die elektrische oder irgendeine andere Kraft, die wirtschaftlichen Wert hat, gleichgeachtet.

(Erschwerter Diebstahl)

§ 4. Die Strafe ist Zuchthaus von zwei bis zu acht Jahren und Geldstrafe von zweitausend bis zu zwölftausend Cruzeiros, wenn das Verbrechen begangen ist:

I. vermittels Zerstörung oder Bruchs eines der Wegnahme der Sache entgegenstehenden Hindernisses,

II. unter Mißbrauch des Vertrauens oder vermittels Täuschung, Einsteigens unter Überwindung von Hindernissen oder durch Anwendung von Kunstgriffen,

III. unter Benutzung von Nachschlüsseln,

IV. durch Zusammenwirken von zwei oder mehreren Personen.

(Diebstahl einer in gemeinschaftlichem Eigentum stehenden Sache)

Art. 156. Wegnehmen einer in gemeinschaftlichem Eigentum stehenden Sache durch den Miteigentümer, Miterben oder Gesellschafter für sich oder einen anderen gegenüber dem, der die Sache rechtmäßig innehat:

Strafe — Gefängnis von sechs Monaten bis zu zwei Jahren oder Geldstrafe von eintausend bis zu zehntausend Cruzeiros.

§ 1. Die Verfolgung tritt nur auf Antrag ein.

§ 2. Nicht strafbar ist die Wegnahme einer in gemeinschaftlichem Eigentum stehenden vertretbaren Sache, sofern deren Wert nicht den dem Täter zustehenden Anteil übersteigt.

II. Kapitel

Raub und Erpressung

(Raub)

Art. 157. Für sich oder einen anderen eine fremde bewegliche Sache wegnehmen vermittels einer schweren Bedrohung oder unter Anwendung von Gewalt gegenüber einer Person oder nachdem er diese durch irgendein Mittel widerstandsunfähig gemacht hat:

Strafe — Zuchthaus von vier bis zu zehn Jahren und Geldstrafe von dreitausend bis zu fünfzehntausend Cruzeiros.

§ 1. Dieselbe Strafe verwirkt, wer unmittelbar nach Wegnahme einer Sache Gewalt gegen eine Person oder eine schwere Bedrohung anwendet, um sich oder einen Dritten der Bestrafung für das Verbrechen zu entziehen oder den Besitz des weggenommenen Gutes zu erhalten.

§ 2. Die Strafe wird um ein Drittel bis um die Hälfte erhöht:

I. wenn die Gewalt oder Bedrohung unter Anwendung einer Waffe ausgeübt worden ist;

II. wenn zwei oder mehr Personen zusammengewirkt haben;

III. wenn der Angegriffene mit der Beförderung von Wertpapieren befaßt ist und dem Täter dies bekannt ist.

§ 3. Wenn die Gewaltanwendung eine schwere Körperverletzung zur Folge hat, ist die Strafe Zuchthaus von fünf bis zu fünfzehn Jahren neben der angedrohten Geldstrafe; wenn sie den Tod zur Folge hat, Zuchthaus von fünfzehn bis zu dreißig Jahren neben der angedrohten Geldstrafe.

(Erpressung)

Art. 158. Jemanden in der Absicht, für sich oder einen anderen einen ihnen nichtgeschuldeten Vorteil zu erlangen, vermittels Gewalt oder schwerer Bedrohung zu einer Handlung, Duldung oder Unterlassung nötigen.

Strafe — Zuchthaus von vier bis zu zehn Jahren und Geldstrafe von dreitausend bis zu fünfzehntausend Cruzeiros.

§ 1. Wenn das Verbrechen von zwei oder mehr Personen oder unter Anwendung einer Waffe begangen wird, erhöht sich die Strafe um ein Drittel bis um die Hälfte.

§ 2. Auf eine mit Gewaltanwendung ausgeführte Erpressung findet die Vorschrift des vorangegangenen Artikels § 3 Anwendung.

(Erpressung mittels Freiheitsberaubung)

Art. 159. Eine Person der Freiheit berauben, um für sich oder einen anderen einen Vorteil als Bedingung oder Belohnung für die Freilassung zu erhalten:

Strafe — Zuchthaus von sechs bis zu fünfzehn Jahren und Geldstrafe von fünftausend bis zu fünfzehntausend Cruzeiros.

§ 1. Wenn die Freiheitsberaubung mehr als vierundzwanzig Stunden dauert, wenn der der Freiheit Beraubte unter achtzehn Jahre ist oder wenn das Verbrechen von einer Bande oder Horde[3]) begangen ist:

Strafe — Zuchthaus von acht bis zu zwanzig Jahren und Geldstrafe von zehntausend bis zu zwanzigtausend Cruzeiros.

§ 2. Wenn die Tat eine schwere Körperverletzung zur Folge hat:

Strafe — Zuchthaus von zwölf bis zu vierundzwanzig Jahren und Geldstrafe von fünfzehntausend bis zu dreißigtausend Cruzeiros.

§ 3. Wenn sie den Tod zur Folge hat:

Strafe — Zuchthaus von zwanzig bis zu dreißig Jahren und Geldstrafe von zwanzigtausend bis zu fünfzigtausend Cruzeiros.

(Indirekte Erpressung)

Art. 160. Unter Mißbrauch der Notlage eines anderen eine Urkunde, die die Grundlage für ein strafrichterliches Einschreiten gegen diesen oder einen Dritten bilden kann, zur Sicherung einer Schuld fordern oder annehmen:

Strafe — Zuchthaus von einem bis zu drei Jahren und Geldstrafe von zweitausend bis zu zehntausend Cruzeiros.

---

[3]) Anm. des Übersetzers. Unter Bande (bando) ist hier eine nichtorganisierte Gruppe, unter Horde (quadrilha) eine unter einheitlicher Leitung stehende Gruppe von Verbrechern zu verstehen. (Vgl. Galdino Siqueira: Tratado de Direito Penal, 2. Aufl., Rio de Janeiro, 1951, Bd. 4, S. 369).

III. Kapitel

Widerrechtliche Inbesitznahme

(Grenzsteinverrückung)

Art. 161. Einen Zaun, Grenzstein oder ein anderes zur Bezeichnung einer Grenze dienendes Merkmal beseitigen oder verrücken, um sich eine fremde unbewegliche Sache ganz oder teilweise zuzueignen:

Strafe — Gefängnis von einem bis zu sechs Monaten und Geldstrafe von dreihundert bis zu fünftausend Cruzeiros.

§ 1. Dieselbe Strafe verwirkt, wer:

(Widerrechtliche Herrschaftsbegründung an fremden Gewässern)

I. fremde Gewässer zu eigenem oder fremdem Vorteil ableitet oder staut;

(Besitzanmaßung)

II. mit Gewalt gegen eine Person oder unter schwerer Bedrohung oder Zusammenwirken von mehr als zwei Personen in ein fremdes Grundstück oder Gebäude zum Zweck der Besitzanmaßung eindringt.

§ 2. Wenn der Täter Gewalt anwandte, verwirkt er auch die hierfür angedrohte Strafe.

§ 3. Wenn es sich um Privateigentum handelt und keine Gewaltanwendung erfolgt, findet die Verfolgung im Wege der Privatklage statt.

(Beseitigung oder Änderung von Kennzeichen an Tieren)

Art. 162. Unberechtigt an fremdem Vieh oder fremder Herde ein Kennzeichen oder ein anderes zur Bezeichnung des Eigentümers dienendes Merkmal beseitigen oder ändern:

Strafe — Gefängnis von sechs Monaten bis zu drei Jahren und Geldstrafe von dreihundert bis zu fünftausend Cruzeiros.

IV. Kapitel

Sachbeschädigung

(Sachbeschädigung)

Art. 163. Eine fremde Sache zerstören, unbrauchbar machen oder beschädigen:

Strafe — Gefängnis von einem bis zu sechs Monaten oder Geldstrafe von fünfhundert bis zu fünftausend Cruzeiros.

(Qualifizierte Sachbeschädigung)

Einziger Paragraph. Wenn das Verbrechen begangen wird:

I. mit Gewalt gegen eine Person oder schwerer Bedrohung;

II. unter Anwendung eines entzündlichen oder Explosivstoffes, sofern die Tat nicht ein schwereres Verbrechen darstellt;

III. gegen das Vermögen der Union, eines Einzelstaates oder einer Gemeinde;

IV. aus selbstsüchtigen Beweggründen oder mit erheblichem Schaden für den Verletzten:

Strafe — Gefängnis von sechs Monaten bis zu drei Jahren und Geldstrafe von fünfhundert bis zu zehntausend Cruzeiros außer der für die Gewaltanwendung verwirkten Strafe.

(Verbringen oder Belassen von Tieren auf fremdem Grundeigentum)

Art. 164. Tiere auf fremdes Grundeigentum ohne Zustimmung des Berechtigten bringen oder dort belassen, sofern aus der Handlung ein Schaden entsteht.

Strafe — Gefängnis von zwei Wochen bis zu sechs Monaten oder Geldstrafe von zweihundert bis zu fünftausend Cruzeiros.

(Beschädigung von Gegenständen von künstlerischem, archäologischem oder historischem Wert)

Art. 165. Eine Sache, die von der zuständigen Behörde im Hinblick auf ihren künstlerischen, archäologischen oder historischen Wert registriert ist, zerstören, unbrauchbar machen oder beschädigen:

Strafe — Gefängnis von sechs Monaten bis zu zwei Jahren und Geldstrafe von eintausend bis zu zwanzigtausend Cruzeiros.

(Änderung des Aussehens eines unter besonderem gesetzlichen Schutz stehenden Ortes)

Art. 166. Ohne Erlaubnis der zuständigen Behörde das Aussehen eines unter besonderem gesetzlichen Schutz stehenden Ortes ändern:

Strafe — Gefängnis von einem Monat bis zu einem Jahr oder Geldstrafe von eintausend bis zu zwanzigtausend Cruzeiros.

(Strafverfolgung)

Art. 167. In den Fällen des Art. 163 und seines einzigen Paragraphen Nr. IV und des Art. 164 findet die Verfolgung im Wege der Privatklage statt.

V. Kapitel

Unterschlagung

(Unterschlagung)

Art. 168. Eine fremde bewegliche Sache, an welcher der Täter Besitz oder Gewahrsam hat, sich rechtswidrig zueignen:

Strafe — Zuchthaus von einem bis zu vier Jahren und Geldstrafe von fünfhundert bis zu zehntausend Cruzeiros.

(Erhöhung der Strafe)

§ 1. Die Strafe wird um ein Drittel erhöht, wenn der Täter die Sache empfing

I. im Falle einer Notaufbewahrung[4]);

II. in der Eigenschaft eines Vormundes, Pflegers, Syndikus, Liquidators, eines mit der Aufnahme eines Inventars Betrauten, eines Testamentsvollstreckers oder gerichtlichen Depositars;

III. auf Grund einer Obliegenheit, einer Anstellung oder eines Berufs.

(Aneignung einer durch Irrtum, Zufall oder Naturkraft erlangten Sache)

Art. 169. Eine fremde Sache, die durch Irrtum, Zufall oder Naturkraft in die Gewalt des Täters gelangt ist, sich zueignen:

---

[4]) Anm. des Übersetzers: Wann ein Fall der „Notaufbewahrung" vorliegt, ergibt sich aus dem Zivilgesetzbuch. Nach Art. 1282 II liegt eine Notaufbewahrung vor, wenn die Aufbewahrung aus Anlaß einer Not wie Feuer, Überschwemmung, Schiffbruch oder Plünderung erfolgt. Nach Art. 1284 wird dieser Aufbewahrung gleichgeachtet diejenige des Gepäcks von Reisenden, Gästen, Kunden in Herbergen, Gasthäusern oder Pensionen, in denen sie sich aufhalten.

Strafe — Gefängnis von einem Monat bis zu einem Jahr oder Geldstrafe von zweihundert bis zu dreitausend Cruzeiros.

Einziger Paragraph. Dieselbe Strafe verwirkt:

(Zueignung eines Schatzes)

I. wer einen Schatz auf fremdem Grundstück findet und sich denjenigen Anteil ganz oder teilweise zueignet, zu dem der Eigentümer des Grundstücks berechtigt ist;

(Zueignung einer gefundenen Sache)

II. wer eine verlorene fremde Sache findet und sie sich ganz oder teilweise zueignet, indem er es unterläßt, sie dem Eigentümer oder rechtmäßigen Besitzer zurückzugeben oder sie innerhalb von zwei Wochen der zuständigen Behörde einzuhändigen.

Art. 170. Auf die in diesem Kapitel bezeichneten Verbrechen findet die Vorschrift des Art. 155 § 2 Anwendung.

VI. Kapitel

Betrug und andere Täuschungsverbrechen

(Betrug)

Art. 171. Einen rechtwidrigen Vorteil für sich oder einen Dritten zum Schaden eines anderen dadurch erlangen, daß der Täter durch Kunstgriffe, Arglist oder ein anderes Täuschungsmittel einen Irrtum erregt oder aufrecht erhält:

Strafe — Zuchthaus von einem bis zu fünf Jahren und Geldstrafe von fünfhundert bis zu zehntausend Cruzeiros.

§ 1. Wenn der Täter nicht rückfällig und der Schaden gering ist, kann der Richter die in Art. 155 § 2 vorgesehene Strafe verhängen.

§ 2. Dieselben Strafen verwirkt, wer:

(Verfügung über eine fremde Sache als eigene)

I. eine fremde Sache als eigene verkauft, tauscht, in Zahlung gibt, vermietet oder als Sicherheit bestellt;

(Betrügerische Veräußerung oder Belastung der eigenen Sache)

II. eine eigene unveräußerliche, belastete oder in Streit befangene oder eine unbewegliche Sache, deren Verkauf auf Ratenzahlungen er bereits einem Dritten zugesagt hat, unter Verschweigen eines dieser Umstände verkauft, tauscht, in Zahlung gibt oder als Sicherheit bestellt;

(Arglistige Entziehung einer verpfändeten Sache)

III. durch eine vom Gläubiger nicht genehmigte Veräußerung oder in sonstiger Weise die durch Verpfändung gewährte Sicherheit arglistig entzieht, sofern er im Besitz der verpfändeten Sache ist;

(Betrug bei Übergabe einer Sache)

IV. Betrug hinsichtlich des Stoffes, der Beschaffenheit oder Menge bei Sachen, die er einem anderen zu übergeben hat, verübt;

(Betrug zwecks Erlangung der Versicherungssumme)

V. die eigene Sache ganz oder teilweise zerstört oder verbirgt, den eigenen Körper oder die Gesundheit verletzt oder die Folgen einer Verletzung oder Krankheit verschlimmert in der Absicht, die Versicherungssumme zu erlangen;

(Scheckbetrug)

VI. einen Scheck, ohne daß ausreichende Deckung beim Bezogenen vorhanden ist, begibt oder dessen Zahlung vereitelt.

§ 3. Die Strafe erhöht sich um ein Drittel, wenn das Verbrechen zum Nachteil einer Körperschaft des öffentlichen Rechts oder einer Einrichtung der Volkswirtschaft, der sozialen Hilfe oder Wohltätigkeit begangen ist.

(Simuliertes Duplikat[5])

Art. 172. Ein Duplikat begeben, das nicht dem tatsächlichen Verkauf der Ware entspricht, welche real oder symbolisch vermittels der zugehörigen Faktur übergeben wurde.

Strafe — Gefängnis von einem bis zu drei Jahren und Geldstrafe von eintausend bis zu fünftausend Cruzeiros.

(Ausbeutung Minderjähriger, Geisteskranker usw.)

Art. 173. Die Notlage, Leidenschaften oder Unerfahrenheit Minderjähriger, Geisteskranker oder Geistesschwacher zu eigenem oder fremdem Vorteil dadurch mißbrauchen, daß diese zur Vornahme einer Handlung verleitet werden, die geeignet ist, rechtliche Wirkungen zu deren eigenem Nachteil oder dem eines Dritten hervorzurufen.

Strafe — Zuchthaus von zwei bis zu sechs Jahren und Geldstrafe von eintausend bis zu fünftausend Cruzeiros.

(Verleitung zu Spekulationsgeschäften)

Art. 174. Unerfahrenheit, Einfalt oder geistige Minderwertigkeit eines anderen zu eigenem oder fremdem Vorteil dadurch mißbrauchen, daß der Täter ihn zu Spiel, Wette oder Spekulationsgeschäften mit Waren oder Wertpapieren verleitet, wenn er wußte oder wissen mußte, daß es sich um ein nachteiliges Geschäft handelt.

Strafe — Zuchthaus von einem bis zu drei Jahren und Geldstrafe von eintausend bis zu fünftausend Cruzeiros.

(Täuschung im Wirtschaftsleben)

Art. 175. Bei Ausübung des Handels den Erwerber oder Verbraucher täuschen:

I. durch Verkauf einer verfälschten oder mangelhaften Ware als echter oder fehlerfreier;

II. durch Lieferung einer Ware an Stelle einer anderen.

Strafe — Gefängnis von sechs Monaten bis zu zwei Jahren oder Geldstrafe von eintausend bis zu fünftausend Cruzeiros.

§ 1. Bei einem zur Ausführung übertragenen Werk die Beschaffenheit oder das Gewicht des Metalls ändern oder im gleichen Fall einen echten Stein durch einen unechten oder einen anderen von geringerem Wert ersetzen; einen unechten Stein als echten verkaufen; als Edelmetall ein Metall von anderer Beschaffenheit verkaufen:

Strafe — Zuchthaus von einem bis zu fünf Jahren und Geldstrafe von eintausend bis zu zehntausend Cruzeiros.

§ 2. Die Vorschrift des Art. 155 § 2 findet Anwendung.

---

[5]) Anm. des Übersetzers: „Duplicata" ist ein brasilianisches Creditpapier; sie ist eine Zweitschrift der Faktur und stellt eine vom Verkäufer an den Käufer gerichtete Zahlungsanweisung dar.

(Andere Täuschungen)

Art. 176. Eine Mahlzeit in einer Gaststätte einnehmen, ein Zimmer in einem Hotel mieten oder sich eines Beförderungsmittels bedienen, ohne über die Mittel zur Bezahlung zu verfügen:

Strafe — Gefängnis von zwei Wochen bis zu zwei Monaten oder Geldstrafe von einhundert bis zu eintausend Cruzeiros.

Einziger Paragraph. Die Verfolgung findet nur auf Antrag statt; der Richter kann, sofern es die Umstände angezeigt erscheinen lassen, von Strafe absehen.

(Täuschungen und Mißbräuche bei Gründung und Verwaltung einer Aktiengesellschaft)

Art. 177. Die Gründung einer Aktiengesellschaft in der Weise betreiben, daß in Prospekten, in Mitteilungen an die Öffentlichkeit oder an die Gründungsversammlung falsche Angaben über die Verfassung der Gesellschaft gemacht oder in betrügerischer Weise eine auf diese bezügliche Tatsache verheimlicht wird:

Strafe — Zuchthaus von einem bis zu vier Jahren und Geldstrafe von eintausend bis zu zehntausend Cruzeiros, wenn die Tat nicht ein Verbrechen gegen die Volkswirtschaft[6]) darstellt.

§ 1. Dieselbe Strafe verwirken, sofern die Handlung nicht ein Verbrechen gegen die Volkswirtschaft darstellt:

I. der Direktor, Geschäftsführer oder Prüfer einer Aktiengesellschaft, der in einem Prospekt, Bericht, Gutachten, einer Bilanz oder Mitteilung an die Öffentlichkeit oder die Versammlung der Aktionäre falsche Angaben über die wirtschaftliche Lage der Gesellschaft macht oder in betrügerischer Weise eine auf sie bezügliche Tatsache ganz oder teilweise verheimlicht;

II. der Direktor, Geschäftsführer oder Prüfer, der durch eine Täuschung eine unrichtige Kursnotierung der Aktien oder anderer Wertpapiere der Gesellschaft bewirkt;

III. der Direktor oder Geschäftsführer, der ohne vorherige Zustimmung der Generalversammlung bei der Gesellschaft ein Darlehn nimmt oder zu eigenem oder fremdem Vorteil Vermögensstücke oder Güter der Gesellschaft gebraucht;

IV. der Direktor oder Geschäftsführer, der auf Rechnung der Gesellschaft Aktien, die von ihr ausgegeben sind, kauft oder verkauft, abgesehen von den Fällen, in denen das Gesetz es gestattet;

V. der Direktor oder der Geschäftsführer, der zur Sicherung einer Forderung der Gesellschaft Aktien der eigenen Gesellschaft zum Pfande oder sonst als Sicherheit nimmt;

VI. der Direktor oder der Geschäftsführer, der bei Fehlen einer Bilanz, im Widerspruch mit einer solchen oder auf Grund einer unrichtigen Bilanz fingierte Gewinne oder Dividenden ausschüttet;

---

[6]) Anm. des Übersetzers: Die strafbaren Handlungen, die die Volkswirtschaft betreffen, sind in besonderen Gesetzen geregelt, die in Art. 360 des Código Penal ausdrücklich aufrecht erhalten sind, z. B. Economia Popular, sua Guarda e Emprego Decreto-Lei Nr. 869 vom 18. 11. 1938, ferner Lei Nr. 1716 vom 28. 10. 1939, das sich besonders mit der Aburteilung der strafbaren Handlungen gegen die Volkswirtschaft beschäftigt, vgl. ferner Decreto-Lei Nr. 9125 vom 4. 4. 1946 über die Kontrolle der Preise und die Schaffung von Organen zur Verhinderung der Preissteigerung.

VII. der Direktor, Geschäftsführer oder Prüfer, der mit Hilfe einer Mittelspersonen oder in geheimem Einverständnis mit Aktionären die Billigung eines Rechenschaftsberichtes oder Gutachtens erlangt;

VIII. der Liquidator in den Fällen der Nr. I, II, III, IV, V und VII;

IX. der Vertreter einer ausländischen Aktiengesellschaft, deren Betrieb im Inland genehmigt ist, sofern er die in den Nr. I und II bezeichneten Handlungen vornimmt oder der Regierung unrichtige Auskünfte gibt.

§ 2. Gefängnisstrafe von sechs Monaten bis zu zwei Jahren und Geldstrafe von fünfhundert bis zu fünftausend Cruzeiros verwirkt ein Aktionär, der in der Absicht, für sich oder einen anderen einen Vorteil zu erlangen, Vereinbarungen über die Ausübung seines Stimmrechts bei den Entscheidungen der Generalversammlung trifft.

(Gesetzwidrige Ausgabe eines Lagerscheins oder „warrant")

Art. 178. Einen Lagerschein oder „warrant" im Widerspruch zu den gesetzlichen Bestimmungen ausgeben:

Strafe — Zuchthaus von einem bis zu vier Jahren und Geldstrafe von eintausend bis zu zehntausend Cruzeiros.

(Vollstreckungsvereitelung)

Art. 179. Die Vollstreckung dadurch vereiteln, daß Vermögensstücke veräußert, beiseite geschafft, zerstört oder beschädigt oder Schulden vorgetäuscht werden:

Strafe — Gefängnis von sechs Monaten bis zu zwei Jahren oder Geldstrafe von fünfhundert bis zu fünftausend Cruzeiros.

Einziger Paragraph. Die Verfolgung findet im Wege der Privatklage statt.

VII. Kapitel
Hehlerei

(Hehlerei)

Art. 180. Zu eigenem oder fremdem Vorteil eine Sache, von der der Täter weiß, daß sie aus einem Verbrechen stammt, erwerben, annehmen oder verheimlichen oder einen gutgläubigen Dritten veranlassen, daß er sie erwirbt, annimmt oder verheimlicht:

Strafe — Zuchthaus von zwei bis zu vier Jahren und Geldstrafe von fünfhundert bis zu zehntausend Cruzeiros.

(Fahrlässige Hehlerei)

§ 1. Eine Sache, von der der Täter ihrer Natur nach oder wegen des Mißverhältnisses zwischen Wert und Preis oder nach den Verhältnissen dessen, der sie anbietet, annehmen muß, daß sie auf verbrecherische Weise erlangt ist, erwerben oder annehmen:

Strafe — Gefängnis von einem Monat bis zu einem Jahr oder Geldstrafe von dreihundert bis zu zehntausend Cruzeiros oder beide Strafen.

§ 2. Die Hehlerei ist auch dann strafbar, wenn der Täter des Verbrechens, aus welchem die Sache stammt, unbekannt oder nicht strafbar ist.

§ 3. Im Falle des § 1 kann der Richter, wenn der Täter nicht rückfällig ist, unter Berücksichtigung der Umstände des Falles von Strafe absehen.

VIII. Kapitel
Gemeinsame Bestimmungen

Art. 181. Straffrei ist, wer eines der in diesem Titel bezeichneten Verbrechen begeht zum Nachteil:

I. des Ehegatten während des Bestehens der ehelichen Gemeinschaft;

II. eines Verwandten aufsteigender oder absteigender Linie ohne Rücksicht darauf, ob es sich um legitime oder illegitime, bürgerlichrechtliche oder natürliche Verwandtschaft handelt.

Art. 182. Die Verfolgung tritt nur auf Antrag ein, wenn eines der in diesem Titel bezeichneten Verbrechen begangen ist zum Nachteil:

I. des Ehegatten im Falle der Trennung oder gerichtlichen Scheidung;

II. von legitimen oder illegitimen Geschwistern;

III. von Onkel, Tante, Neffe oder Nichte, falls der Täter mit ihnen in häuslicher Gemeinschaft lebt.

Art. 183. Die Vorschriften der beiden vorangegangenen Artikel finden keine Anwendung:

I. bei Raub, Erpressung und allgemein dann, wenn eine schwere Bedrohung oder Gewalt gegen eine Person angewandt worden ist;

II. auf einen außenstehenden Dritten, der am Verbrechen teilnimmt.

III. Titel
Verbrechen gegen immaterielle Güterrechte

I. Kapitel
Verbrechen gegen das geistige Eigentum

(Verletzung des Urheberrechts)

Art. 184. Das Recht des Urhebers eines literarischen, wissenschaftlichen oder künstlerischen Werkes verletzen:

Strafe — Gefängnis von drei Monaten bis zu einem Jahre oder Geldstrafe von eintausend bis zu fünftausend Cruzeiros.

Einziger Paragraph. Dieselbe Strafe verwirkt, wer ein literarisches, wissenschaftliches oder künstlerisches Werk, das unter Verletzung des Urheberrechts geschaffen ist, verkauft, zum Verkauf feilbietet, erwirbt, verbirgt oder zum Zwecke des Verkaufs in Aufbewahrung hat.

(Rechtswidrige Benutzung eines fremden Namens oder Pseudonyms)

Art. 185. Jemandem fälschlich durch Gebrauch seines Namens, Pseudonyms oder eines zur Kennzeichnung seiner Werke angenommenen Zeichens die Urheberschaft eines literarischen, wissenschaftlichen oder künstlerischen Werkes zuschreiben:

Strafe — Gefängnis von sechs Monaten bis zu zwei Jahren und Geldstrafe von zweitausend bis zu zehntausend Cruzeiros.

Art. 186. Die Verfolgung der in diesem Kapitel bezeichneten Verbrechen findet im Wege der Privatklage statt, es sei denn, daß diese zum Nachteil einer Körperschaft des öffentlichen Rechts begangen sind.

II. Kapitel[7])

Verbrechen gegen das Erfinderrecht

(Verletzung des Erfinderrechts)

Art. 187. Die Rechte aus einer Erfindung oder Entdeckung dadurch verletzen:

I. daß ohne Ermächtigung des Inhabers der Konzession oder seines Zessionars ein Gegenstand hergestellt wird, der dem Erfindungsschutz unterliegt;

II. daß ein Mittel oder Verfahren, das dem Erfindungsschutz unterliegt, gebraucht wird;

III. daß ein unter Verletzung des Erfindungsschutzes hergestellter Gegenstand importiert, verkauft, zum Verkauf feilgeboten, zum Zweck des Verkaufs verheimlicht oder zum gleichen Zweck in Empfang genommen wird:

Strafe — Gefängnis von sechs Monaten bis zu einem Jahre und Geldstrafe von eintausend bis zu fünfzehntausend Cruzeiros.

(Erhöhung der Strafe)

Einziger Paragraph. Die Strafe erhöht sich um ein Drittel:

I. wenn der Täter Beauftragter, Geschäftsführer oder Angestellter des Inhabers der Konzession oder dessen Zessionars war;

II. wenn der Täter mit einem Vertreter, Beauftragten, Geschäftsführer oder Angestellten des Inhabers der Konzession oder dessen Zessionars ins Einvernehmen trat, um die Erfindung oder die Art ihrer Verwendung kennen zu lernen.

(Fälschliche Anmaßung des Erfindungsschutzes [Patentberührung])

Art. 188. Ein Gewerbe als unter Erfindungsschutz stehend betreiben, das diesen nicht genießt oder nachdem der Erfindungsschutz für nichtig erklärt, suspendiert worden oder erloschen ist:

Strafe — Gefängnis von einem bis zu sechs Monaten oder Geldstrafe von fünfhundert bis zu fünftausend Cruzeiros.

Einziger Paragraph. Dieselbe Strafe verwirkt der Inhaber des Erfindungsschutzes, der in einem Prospekt, einer Aufschrift, Anzeige oder anderen Kundgebung auf den Erfindungsschutz hinweist, ohne dessen Gegenstand genau zu bezeichnen.

(Widerrechtliche Nachbildung oder Verwertung eines fremden, unter Erfindungsschutz stehenden Modells oder Zeichnung)

Art. 189. Ein fremdes, unter Erfindungsschutz stehendes Modell oder eine solche Zeichnung in irgendeiner Weise ganz oder zum Teil unberechtigt nachbilden; ein fremdes unter Erfindungsschutz stehendes Modell oder eine solche Zeichnung unberechtigt für sich verwerten; einen Gegenstand, der eine Nachahmung oder Kopie eines unter Erfindungsschutz stehenden Modells ist, verkaufen, zum Verkauf feilbieten oder in das Inland einführen:

Strafe — Gefängnis von einem bis zu sechs Monaten oder Geldstrafe von fünfhundert bis zu fünftausend Cruzeiros.

---

[7]) Anm. des Übersetzers: Die Bestimmungen der Kapitel II, III und IV haben später Modifikationen erlitten durch den Código da Propriedade Industrial Decreto-lei Nr. 7.903 vom 27. 8. 1945, veröffentlicht im Diário Oficial vom 29. 9. 1945 in Verbindung mit Decreto Nr. 8.481 vom 27. 12. 1945.

(Unwahre Erklärung der Hinterlegung auf Modellen oder Zeichnungen)

Art. 190. Auf Modellen oder Zeichnungen einen Ausdruck gebrauchen, der diese unrichtigerweise als hinterlegt erscheinen läßt, oder in einer Anzeige oder einem geschäftlichen Schreiben Zeichnungen oder Modelle als hinterlegt bezeichnen, obwohl sie es nicht sind:

Strafe — Gefängnis von einem bis zu drei Monaten oder Geldstrafe von fünfhundert bis zu eintausend Cruzeiros.

Art. 191. Die Verfolgung der in diesem Kapitel bezeichneten Verbrechen mit Ausnahme derjenigen des Art. 188 einschließlich seines Paragraphen und des Art. 190 findet im Wege der Privatklage statt.

III. Kapitel[8])

Verbrechen gegen den Schutz von Industrie- und Handelsmarken

(Verletzung des Markenschutzes)

Art. 192. Das Recht an einer Industrie- oder Handelsmarke dadurch verletzen:

I. daß eine für einen anderen eingetragene Marke ganz oder teilweise unberechtigt nachgebildet oder in einer solchen Weise nachgeahmt wird, daß Irrtümer oder Verwechselungen hervorgerufen werden können;

II. daß eine nachgebildete oder nachgeahmte Marke unter den in Nr. I bezeichneten Voraussetzungen gebraucht wird;

III. daß die echte Marke eines anderen für ein von diesem nicht hergestelltes Erzeugnis oder Artikel gebraucht wird;

IV. daß verkauft, zum Verkauf feilgeboten oder auf Lager gehalten wird:

a) ein Artikel oder Erzeugnis, das mißbräuchlich mit einer ganz oder teilweise nachgeahmten oder nachgebildeten Marke versehen ist;

b) ein Artikel oder Erzeugnis, das mit der echten Marke eines anderen versehen ist, ohne von diesem hergestellt zu sein:

Strafe — Gefängnis von drei Monaten bis zu einem Jahr und Geldstrafe von eintausend bis zu fünfzehntausend Cruzeiros.

(Unberechtigter Gebrauch von öffentlichen Wappen, Schildern und Zeichen)

Art. 193. In- oder ausländische öffentliche Wappen, Schilder oder Zeichen als Industrie- oder Handelsmarke ganz oder teilweise nachbilden oder in einer Weise nachahmen, daß Irrtümer und Verwechselungen hervorgerufen werden können:

Strafe — Gefängnis von einem bis zu sechs Monaten oder Geldstrafe von fünfhundert bis zu fünftausend Cruzeiros.

Einziger Paragraph. Dieselbe Strafe verwirkt, wer eine unter den Voraussetzungen dieses Artikels nachgebildete oder nachgeahmte Marke gebraucht oder ein mit einer solchen Marke versehenes Erzeugnis oder Artikel verkauft oder zum Kaufe feilbietet.

(Marken mit unrichtiger Herkunftsbezeichnung)

Art. 194. Für ein Erzeugnis oder einen Artikel eine Marke mit unrichtiger Herkunftsbezeichnung gebrauchen oder ein Erzeugnis oder Artikel mit einer solchen Marke verkaufen oder zum Verkaufe feilbieten:

---

[8]) Anm. des Übersetzers: Siehe Anm. 7 zu Kapitel II.

Strafe — Gefängnis von einem bis zu sechs Monaten oder Geldstrafe von fünfhundert bis zu fünftausend Cruzeiros.

Art. 195. Die in diesem Kapitel bezeichneten Verbrechen mit Ausnahme derjenigen des Art. 193 einschließlich seines Paragraphen und des Art. 194 werden im Wege der Privatklage verfolgt.

IV. Kapitel[9])

Verbrechen des unlauteren Wettbewerbs

(Unlauterer Wettbewerb)

Art. 196. Unlauteren Wettbewerb treiben:

Strafe — Gefängnis von drei Monaten bis zu einem Jahre oder Geldstrafe von eintausend bis zu zehntausend Cruzeiros.

§ 1. Das Verbrechen des unlauteren Wettbewerbs begeht, wer:

(Unlautere Propaganda)

I. in der Presse oder in anderer Weise eine unrichtige Behauptung zum Nachteil eines Konkurrenten veröffentlicht, um einen ungerechtfertigten Vorteil zu erlangen;

II. in der Absicht, einen Vorteil zu erlangen, in bezug auf einen Konkurrenten eine unrichtige Auskunft, die geeignet ist, ihm Schaden zu verursachen, erteilt oder verbreitet;

(Entziehung von Kunden)

III. Täuschungsmittel anwendet, um zu eigenem oder fremdem Vorteil einem anderen Kunden zu entziehen;

(Falsche Bezeichnung der Herkunft von Erzeugnissen)

IV. Waren mit falscher Herkunftsbezeichnung herstellt, einführt, ausführt, auf Lager hält, verkauft oder zum Verkauf feilbietet;

(Unberechtigter Gebrauch von Bezeichnungen für die Beschaffenheit von Erzeugnissen)

V. Bezeichnungen für die Beschaffenheit wie „Typ", „Art", „Gattung", „System", „ähnlich", „Ersatz", „identisch" oder gleichwertige auf Artikeln oder Erzeugnissen, Gefäßen, Verpackungen, Umschlagstreifen, Etiketten, Rechnungen, Rundschreiben, Plakaten oder anderen Mitteln der Bekanntmachung oder Propaganda unberechtigt gebraucht, gleichviel ob die tatsächliche Herkunft des Artikels oder Erzeugnisses angegeben wird oder nicht;

(Unberechtigter Gebrauch des eigenen Namens für Waren eines anderen Herstellers)

VI. den eigenen Namen oder die eigene Gesellschaftsfirma für die Waren eines anderen Herstellers ohne dessen Zustimmung gebraucht;

(Unberechtigter Gebrauch der Firma oder des Namens der Niederlassung eines anderen)

VII. unberechtigt die Firma oder den Namen der Niederlassung eines anderen gebraucht;

---

9) Anm. des Übersetzers: Siehe Anm. 7 zu Kapitel II.

(Unwahre Anmaßung von Auszeichnungen oder Prämien)

VIII. sich als Mittel der gewerblichen, Handels- oder Geschäftspropaganda eine Auszeichnung oder Prämie anmaßt, die er nicht erhalten hat;

(Gebrauch von Gefäßen oder Verpackungen eines anderen Herstellers zu Täuschungszwecken)

IX. eine nachgeahmte oder verfälschte Ware in Gefäßen oder Verpakkungen eines anderen Herstellers verkauft oder zum Verkauf feilbietet oder sich dieser bedient, um mit einer Ware derselben Art, auch wenn sie nicht nachgeahmt oder verfälscht ist, Handel zu treiben, falls die Tat nicht ein schwereres Verbrechen darstellt;

(Bestechung von Angestellten)

X. Geld oder andere Vorteile einem Angestellten eines anderen geschäftlichen Betriebes gewährt oder verspricht, um von diesem unter Verletzung seiner Angestelltenpflichten einen unberechtigten Vorteil zu erlangen;

XI. Geld oder andere Vorteile annimmt oder sich eine Zahlung oder Belohnung versprechen läßt, um unter Verletzung seiner Angestelltenpflichten einem Konkurrenten des Geschäftsinhabers einen unberechtigten Vorteil zu gewähren;

(Verletzung eines Fabrik- oder Geschäftsgeheimnisses)

XII. ein Geschäfts- oder Fabrikgeheimnis, das ihm vermöge des Dienstverhältnisses anvertraut oder zugänglich geworden ist, während der Geltungsdauer des Dienstverhältnisses bekannt gibt oder ausnutzt.

§ 2. Die Verfolgung findet im Wege der Privatklage statt mit Ausnahme der in den Nr. X—XII bezeichneten Fällen, in welchen die Verfolgung im Wege der öffentlichen Klage auf Antrag eintritt.

IV. Titel

Verbrechen gegen die Organisation der Arbeit

(Angriff auf die Freiheit der Arbeit)

Art. 197. Jemanden durch Gewalt oder schwere Bedrohung zwingen;

I. während eines bestimmten Zeitraums oder an bestimmten Tagen ein Handwerk, einen Dienst, einen Beruf oder ein Gewerbe auszuüben oder nicht auszuüben, zu arbeiten oder nicht zu arbeiten:

Strafe — Gefängnis von einem Monat bis zu einem Jahre und Geldstrafe von fünfhundert bis zu fünftausend Cruzeiros neben der durch die Gewaltanwendung verwirkten Strafe.

II. die Arbeitsstätte zu öffnen oder zu schließen, an einem Streik oder der Herbeiführung des Stillstandes wirtschaftlicher Betätigung teilzunehmen:

Strafe — Gefängnis von drei Monaten bis zu einem Jahre und Geldstrafe von fünfhundert bis zu fünftausend Cruzeiros neben der durch die Gewaltanwendung verwirkten Strafe.

(Angriff auf die Freiheit des Arbeitsvertrages und gewaltsamer Boykott)

Art. 198. Jemanden durch Gewalt oder schwere Bedrohung zwingen, einen Arbeitsvertrag abzuschließen oder Rohmaterialien, gewerbliche oder landwirtschaftliche Erzeugnisse einem anderen nicht zu liefern oder von ihm nicht zu beziehen:

Strafe — Gefängnis von einem Monat bis zu einem Jahre und Geldstrafe von fünfhundert bis zu fünftausend Cruzeiros neben der durch die Gewaltanwendung verwirkten Strafe.

(Angriff gegen die Koalitionsfreiheit)

Art. 199. Jemanden durch Gewalt oder schwere Bedrohung zwingen, an einem bestimmten Syndikat oder Berufsvereinigung teilzunehmen oder nicht teilzunehmen:

Strafe — Gefängnis von einem Monat bis zu einem Jahr und Geldstrafe von zweihundert bis zu eintausend Cruzeiros neben der durch die Gewaltanwendung verwirkten Strafe.

(Herbeiführung des Stillstandes der Arbeit begleitet von Gewaltanwendung oder Störung der Ordnung)

Art. 200. An einer Herbeiführung des Stillstandes oder einer kollektiven Niederlegung der Arbeit teilnehmen unter Ausübung von Gewalt gegen eine Person oder Sache:

Strafe — Gefängnis von einem Monat bis zu einem Jahre und Geldstrafe von fünfhundert bis zu fünftausend Cruzeiros neben der durch die Gewaltanwendung verwirkten Strafe.

Einziger Paragraph. Für die Annahme einer kollektiven Arbeitsniederlegung ist das Zusammenwirken von wenigstens drei Arbeitnehmern erforderlich.

(Herbeiführung des Stillstandes einer Arbeit, die im Gemeininteresse liegt)

Art. 201. An der Herbeiführung eines Stillstandes oder einer kollektiven Niederlegung der Arbeit mitwirken, durch welche die Unterbrechung öffentlicher Arbeiten oder Dienstleistungen, die im Gemeininteresse liegen, herbeigeführt wird:

Strafe — Gefängnis von sechs Monaten bis zu zwei Jahren und Geldstrafe von zweitausend bis zu zehntausend Cruzeiros.

(Eindringen in eine gewerbliche, geschäftliche oder landwirtschaftliche Niederlassung. Sabotage)

Art. 202. In eine gewerbliche, geschäftliche oder landwirtschaftliche Niederlassung eindringen oder sie besetzen in der Absicht, den normalen Verlauf der Arbeit zu hindern oder zu stören, oder zu demselben Zweck die Niederlassung oder die in ihr befindlichen Gegenstände beschädigen oder über sie verfügen:

Strafe — Zuchthaus von einem bis zu drei Jahren und Geldstrafe von eintausend bis zu zehntausend Cruzeiros.

(Vereitelung der durch die Arbeitsgesetzgebung gewährten Rechte)

Art. 203. Durch Täuschung oder Gewalt die durch die Arbeitsgesetzgebung gewährten Rechte vereiteln:

Strafe — Gefängnis von einem Monat bis zu einem Jahre und Geldstrafe von zweitausend bis zu zehntausend Cruzeiros neben der durch die Gewaltanwendung verwirkten Strafe.

(Vereitelung der Durchführung der Gesetzgebung über die Nationalisierung der Arbeit)

Art. 204. Durch Täuschung oder Gewalt die gesetzlichen Verpflichtungen in Beziehung auf die Nationalisierung der Arbeit vereiteln:

Strafe — Gefängnis von einem Monat bis zu einem Jahre und Geldstrafe von zweitausend bis zehntausend Cruzeiros neben der durch die Gewaltanwendung verwirkten Strafe.

(Ausübung einer Tätigkeit entgegen einer Anordnung der Verwaltungsbehörde)

Art. 205. Eine Tätigkeit ausüben, die dem Täter durch eine Anordnung der Verwaltungsbehörde untersagt ist:

Strafe — Gefängnis von drei Monaten bis zu zwei Jahren oder Geldstrafe von eintausend bis zu zehntausend Cruzeiros.

(Verleitung zur Auswanderung)

Art. 206. Arbeiter zur Auswanderung verleiten:

Strafe — Gefängnis von einem bis zu drei Jahren und Geldstrafe von eintausend bis zu zehntausend Cruzeiros.

(Verbringung von Arbeitern von einem Ort des Inlandes nach einem anderen)

Art. 207. Arbeiter an sich ziehen, um sie von einem Ort des Inlandes nach einem anderen zu bringen:

Strafe — Gefängnis von zwei Monaten bis zu einem Jahre und Geldstrafe von fünfhundert bis zu fünftausend Cruzeiros.

V. Titel

Verbrechen gegen das religiöse Gefühl und die Achtung vor den Toten

I. Kapitel

Verbrechen gegen das religiöse Gefühl

(Beschimpfung eines religiösen Kultes und Verhinderung oder Störung eines religiösen Kultaktes)

Art. 208. Jemanden öffentlich wegen seines Glaubens oder einer religiösen Verrichtung verspotten; eine Zeremonie oder Verrichtung eines religiösen Kultes verhindern oder stören; einen Akt oder Gegenstand eines religiösen Kultes öffentlich verunglimpfen:

Strafe — Gefängnis von einem Monat bis zu einem Jahre oder Geldstrafe von fünfhundert bis zu dreitausend Cruzeiros.

Einziger Paragraph. Findet Gewaltanwendung statt, so wird die Strafe um ein Drittel erhöht unbeschadet der durch die Gewaltanwendung verwirkten Strafe.

II. Kapitel

Verbrechen gegen die Achtung vor den Toten

(Verhinderung oder Störung einer Trauerfeier)

Art. 209. Eine Beerdigung oder Trauerfeierlichkeit hindern oder stören:

Strafe — Gefängnis von einem Monat bis zu einem Jahre oder Geldstrafe von fünfhundert bis zu dreitausend Cruzeiros.

Einziger Paragraph. Findet Gewaltanwendung statt, so wird die Strafe um ein Drittel erhöht unbeschadet der durch die Gewaltanwendung verwirkten Strafe.

(Verletzung einer Grabstätte)

Art. 210. Eine Grabstätte oder Totenurne verletzen oder entweihen:
Strafe — Zuchthaus von einem bis zu drei Jahren und Geldstrafe von fünfhundert bis zu dreitausend Cruzeiros.

(Zerstörung, Wegnahme oder Verbergen eines Leichnams)

Art. 211. Einen Leichnam oder Leichenteil zerstören, wegnehmen oder verbergen:
Strafe — Zuchthaus von einem bis zu drei Jahren und Geldstrafe von fünfhundert bis zu dreitausend Cruzeiros.

(Verunglimpfung eines Leichnams)

Art. 212. Einen Leichnam oder dessen Asche verunglimpfen:
Strafe — Gefängnis von einem bis zu drei Jahren und Geldstrafe von fünfhundert bis zu zweitausend Cruzeiros.

VI. Titel

Verbrechen gegen die guten Sitten

I. Kapitel

Verbrechen gegen die geschlechtliche Freiheit

(Notzucht)

Art. 213. Eine Frau durch Gewalt oder schwere Bedrohung zum Beischlaf nötigen:
Strafe — Zuchthaus von drei bis zu acht Jahren.

(Gewaltsamer Angriff gegen die Schamhaftigkeit)

Art. 214. Jemanden durch Gewalt oder schwere Bedrohung zur Vornahme oder Gestattung einer unzüchtigen Handlung, die nicht in der Ausübung des Beischlafs besteht, nötigen:
Strafe — Zuchthaus von zwei bis zu sieben Jahren.

(Beischlaf mittels Täuschung)

Art. 215. Den Beischlaf mit einer ehrbaren Frau vermittels Täuschung herbeiführen:
Strafe — Zuchthaus von einem bis zu drei Jahren.

Einziger Paragraph. Wenn das Verbrechen gegen eine noch unberührte Frau im Alter von unter achtzehn und über vierzehn Jahren begangen wird:
Strafe — Zuchthaus von zwei bis zu sechs Jahren.

(Angriff gegen die Schamhaftigkeit vermittels Täuschung)

Art. 216. Eine ehrbare Frau durch Täuschung zur Vornahme oder Gestattung einer unzüchtigen Handlung, die nicht in der Ausübung des Beischlafes besteht, verleiten:
Strafe — Zuchthaus von einem bis zu zwei Jahren.

Einziger Paragraph. Wenn die Angegriffene im Alter von unter achtzehn und über vierzehn Jahren ist:
Strafe — Zuchthaus von zwei bis zu vier Jahren.

II. Kapitel

Verführung und Mißbrauch Minderjähriger

(Verführung)

Art. 217. Eine noch unberührte Frau im Alter von unter achtzehn und über vierzehn Jahren unter Benutzung ihrer Unerfahrenheit oder ihres berechtigten Vertrauens zum Beischlaf verführen:

Strafe — Zuchthaus von zwei bis zu vier Jahren.

(Mißbrauch Minderjähriger)

Art. 218. Eine Person im Alter von unter achtzehn und über vierzehn Jahren durch Vornahme einer unzüchtigen Handlung oder durch Verleiten, eine solche vorzunehmen oder ihr beizuwohnen, sittlich schädigen oder zu ihrer sittlichen Schädigung beitragen:

Strafe — Zuchthaus von einem bis zu vier Jahren.

III. Kapitel

Entführung

(Entführung mittels Gewalt oder Täuschung)

Art. 219. Eine ehrbare Frau mittels Gewalt, schwerer Bedrohung oder Täuschung zu unzüchtigen Zwecken entführen:

Strafe — Zuchthaus von zwei bis zu vier Jahren.

(Entführung mit Einverständnis)

Art. 220. Wenn die Entführte im Alter von über vierzehn und unter einundzwanzig Jahren ist und die Entführung mit ihrem Einverständnis erfolgt:

Strafe — Gefängnis von einem bis zu drei Jahren.

(Strafminderung)

Art. 221. Die Strafe mindert sich um ein Drittel, wenn die Entführung zum Zweck der Eheschließung erfolgt, und um die Hälfte, wenn der Täter die Entführte, ohne an ihr eine unzüchtige Handlung begangen zu haben, in Freiheit setzt oder an einem sicheren Ort ihrer Familie zur Verfügung stellt.

(Zusammentreffen der Entführung mit einem anderen Verbrechen)

Art. 222. Wenn der Täter bei der Ausführung der Entführung oder im Anschluß an diese ein anderes Verbrechen an der Entführten begeht, werden die durch die Entführung verwirkte und die für das andere Verbrechen angedrohte Strafe gleichzeitig verhängt.

IV. Kapitel

Gemeinsame Bestimmungen

(Qualifizierte Fälle)

Art. 223. Wenn die Gewaltanwendung eine schwere Körperverletzung zur Folge hat:

Strafe — Zuchthaus von vier bis zu zwölf Jahren.

Einziger Paragraph. Wenn die Handlung den Tod zur Folge hat:

Strafe — Zuchthaus von acht bis zu zwanzig Jahren.

(Vermutung der Gewaltanwendung)

Art. 224. Die Gewaltanwendung wird vermutet, wenn die angegriffene Person

a) nicht älter als vierzehn Jahre ist;

b) geisteskrank oder geistesschwach ist und der Täter diesen Umstand kannte;

c) zur Leistung eines Widerstandes aus irgendeinem anderen Grunde nicht imstande ist.

(Strafverfolgung)

Art. 225. Die Verfolgung der in den vorangegangenen Kapiteln bezeichneten Verbrechen findet im Wege der Privatklage statt.

§ 1. Die öffentliche Klage wird jedoch erhoben:

I. wenn die angegriffene Person oder deren Eltern die Verfahrenskosten nicht aufbringen können, ohne sich die unentbehrlichen Mittel für den eigenen Unterhalt oder den der Familie zu entziehen;

II. wenn das Verbrechen unter Mißbrauch der väterlichen Gewalt oder der Eigenschaft als Stiefelternteil, Vormund oder Pfleger begangen ist.

§ 2. Im Falle des vorigen Paragraphen Nr. I findet die Verfolgung durch die Staatsanwaltschaft nur auf Antrag statt.

(Straferhöhung)

Art. 226. Die Strafe wird um den vierten Teil erhöht:

I. wenn das Verbrechen unter Mitwirkung von zwei oder mehr Personen begangen ist;

II. wenn der Täter Verwandter aufsteigender Linie, Adoptivelternteil, Stiefelternteil, Bruder oder Schwester, Vormund oder Pfleger, Lehr- oder Dienstherr des Angegriffenen ist oder aus einem anderen Grunde mit Autorität über den Verletzten ausgestattet ist;

III. wenn der Täter verheiratet ist.

V. Kapitel

Kuppelei und Frauenhandel

(Durch Vermittelung der Unzucht Vorschub leisten)

Art. 227. Jemanden verleiten, die Sinnlichkeit eines anderen zu befriedigen:

Strafe — Zuchthaus von einem bis zu drei Jahren.

§ 1. Wenn die angegriffene Person älter als vierzehn und jünger als achtzehn Jahre ist oder wenn der Täter ein Verwandter aufsteigender oder absteigender Linie, Ehegatte, Bruder oder Schwester, Vormund oder Pfleger oder eine Person ist, der sie zum Zwecke der Erziehung, Behandlung oder Beaufsichtigung anvertraut ist:

Strafe — Zuchthaus von zwei bis zu fünf Jahren.

§ 2. Wenn das Verbrechen unter Anwendung von Gewalt, schwerer Bedrohung oder Täuschung begangen ist:

Strafe — Zuchthaus von zwei bis zu acht Jahren neben der durch die Gewaltanwendung verwirkten Strafe.

§ 3. Wenn das Verbrechen zur Erzielung eines Vorteils begangen ist, ist auch auf Geldstrafe von eintausend bis zu zehntausend Cruzeiros zu erkennen.

(Begünstigung der Prostitution)

Art. 228. Jemanden zur Prostitution verführen oder verleiten, sie fördern oder hindern, daß jemand sie aufgibt:
Strafe — Zuchthaus von zwei bis zu fünf Jahren.

§ 1. Wenn einer der in Art. 227 § 1 bezeichneten Umstände vorliegt:
Strafe — Zuchthaus von drei bis zu acht Jahren.

§ 2. Wenn das Verbrechen unter Anwendung von Gewalt, schwerer Bedrohung oder Täuschung begangen ist:
Strafe — Zuchthaus von vier bis zu zehn Jahren neben der durch die Gewaltanwendung verwirkten Strafe.

§ 3. Wenn das Verbrechen zur Erzielung eines Vorteils begangen ist, ist auch auf Geldstrafe von eintausend bis zu zehntausend Cruzeiros zu zu erkennen.

(Bordellbetrieb)

Art. 229. Ein Bordell oder einen Ort, der für Zusammenkünfte zu unzüchtigen Zwecken bestimmt ist, für eigene Rechnung oder Rechnung eines Dritten unterhalten, gleichviel ob eine auf Gewinnerzielung gerichtete Absicht oder eine unmittelbare Vermittlungstätigkeit des Eigentümers oder Verwalters damit verbunden ist oder nicht:
Strafe — Zuchthaus von zwei bis zu fünf Jahren und Geldstrafe von zweitausend bis zu fünfzehntausend Cruzeiros.

(Zuhälterei)

Art. 230. Aus fremder Prostitution dadurch Vorteile ziehen, daß der Täter unmittelbar an den Einnahmen teilnimmt oder sich ganz oder teilweise durch diejenige, die sie ausübt, unterhalten läßt:
Strafe — Zuchthaus von einem bis zu vier Jahren und Geldstrafe von zweitausend bis zu fünfzehntausend Cruzeiros.

§ 1. Liegt eine der im Art. 227 § 1 bezeichneten Voraussetzungen vor:
Strafe — Zuchthaus von drei bis zu sechs Jahren neben der Geldstrafe.

§ 2. Findet Gewaltanwendung oder schwere Bedrohung statt:
Strafe — Zuchthaus von zwei bis zu acht Jahren neben der Geldstrafe und unbeschadet der durch die Gewaltanwendung verwirkten Strafe.

(Frauenhandel)

Art. 231. Einer Frau, die zur Ausübung der Prostitution im Inland bestimmt ist, die Einreise, oder einer Frau, die zur Ausübung der Prostitution im Ausland bestimmt ist, die Ausreise ermöglichen oder erleichtern:
Strafe — Zuchthaus von drei bis zu acht Jahren.

§ 1. Liegt eine der im Art. 227 § 1 bezeichneten Voraussetzungen vor:
Strafe — Zuchthaus von vier bis zu zehn Jahren.

§ 2. Findet Gewaltanwendung, schwere Bedrohung oder Täuschung statt, so wird der Täter mit Zuchthaus von fünf bis zu zwölf Jahren unbeschadet der durch die Gewaltanwendung verwirkten Strafe bestraft.

§ 3. Wird das Verbrechen zwecks Erlangung eines Vorteils begangen, so ist außerdem auf Geldstrafe von fünftausend bis zu zehntausend Cruzeiros zu erkennen.

Art. 232. Auf die in diesem Kapitel bezeichneten Verbrechen finden die Bestimmungen der Art. 223 und 224 Anwendung.

VI. Kapitel

Öffentliche Verletzung des Schamgefühls

(Unzüchtige Handlung)

Art. 233. Eine unzüchtige Handlung an einem öffentlichen oder dem Publikum offenstehenden oder Einblick gewährenden Ort vornehmen:

Strafe — Gefängnis von drei Monaten bis zu einem Jahre oder Geldstrafe von eintausend bis zu dreitausend Cruzeiros.

(Unzüchtige Schriften oder Gegenstände)

Art. 234. Unzüchtige Schriften, Zeichnungen, Bilder, Stiche oder sonstige Gegenstände zum Zweck des Verkaufs, der Verteilung oder öffentlichen Ausstellung herstellen, einführen, ausführen, erwerben oder aufbewahren:

Strafe — Gefängnis von sechs Monaten bis zu zwei Jahren oder Geldstrafe von zweitausend bis zu fünftausend Cruzeiros.

Einziger Paragraph. Dieselbe Strafe verwirkt, wer:

I. einen der in diesem Artikel bezeichneten Gegenstände verkauft, verteilt oder zum Verkauf oder öffentlich ausstellt;

II. an einem öffentlichen oder dem Publikum zugänglichen Ort eine unzüchtige Theatervorstellung oder kinomatographische Aufführung oder irgendeine andere Darbietung gleichen Charakters veranstaltet;

III. an einem öffentlichen oder dem Publikum zugänglichen Ort oder durch Radio eine unzüchtige akustische Darbietung oder Vortrag veranstaltet.

VII. Titel

Verbrechen gegen die Familie

I. Kapitel

Verbrechen in bezug auf die Ehe

(Doppelehe)

Art. 235. Als Verheirateter eine neue Ehe eingehen:

Strafe — Zuchthaus von zwei bis zu sechs Jahren.

§ 1. Wer als Nichtverheirateter die Ehe mit einer verheirateten Person in Kenntnis dieses Umstandes eingeht, wird mit Zuchthaus oder Gefängnis von einem bis zu drei Jahren bestraft.

§ 2. Wird die erste Ehe aus irgendeinem Grunde oder die zweite Ehe aus einem anderen Grunde als dem der Doppelehe für nichtig erklärt, so wird das Verbrechen als nicht begangen betrachtet.

(Hervorrufen eines wesentlichen Irrtums und Verheimlichen eines Ehehindernisses)

Art. 236. Bei Schließung einer Ehe bei dem anderen Vertragsteil einen wesentlichen Irrtum hervorrufen oder ihm ein anderes Ehehindernis als das einer bereits bestehenden Ehe verheimlichen:

Strafe — Gefängnis von sechs Monaten bis zu zwei Jahren.

Einziger Paragraph. Die Strafverfolgung hängt von der Klage des getäuschten Vertragsteils ab und kann erst nach Rechtskraft des Urteils, das auf Grund des Irrtums oder des Ehehindernisses die Ehe für nichtig erklärt, eingeleitet werden.

(Vorherige Kenntnis eines Ehehindernisses)

Art. 237. Eine Ehe in Kenntnis des Bestehens eines Ehehindernisses, das deren absolute Nichtigkeit begründet, schließen:

Strafe — Gefängnis von drei Monaten bis zu einem Jahre.

(Vortäuschen der Befugnis zur Vornahme der Eheschließung)

Art. 238. Sich fälschlich die Befugnis zur Vornahme der Eheschließung anmaßen:

Strafe — Gefängnis von einem bis zu drei Jahren, sofern die Tat nicht ein schwereres Verbrechen darstellt.

(Vorspiegelung einer Eheschließung)

Art. 239. Vermittels Täuschung einer anderen Person eine Eheschließung vorspiegeln:

Strafe — Gefängnis von einem bis zu drei Jahren, wenn die Tat nicht Merkmal eines schwereren Verbrechens ist.

(Ehebruch)

Art. 240. Einen Ehebruch begehen:

Strafe — Gefängnis von zwei Wochen bis zu sechs Monaten.

§ 1. Dieselbe Strafe verwirkt der Mitschuldige.

§ 2. Die Strafklage kann nur von dem verletzten Ehegatten und nur innerhalb eines Monats nach Kenntnis der Tat erhoben werden.

§ 3. Die Strafklage kann nicht erhoben werden:

I. von dem auf Grund gerichtlicher Entscheidung getrennter Ehegatten;

II. von dem Ehegatten, der dem Ehebruch zugestimmt oder ihn ausdrücklich oder stillschweigend verziehen hat.

§ 4. Der Richter kann von Strafe absehen:

I. wenn die eheliche Gemeinschaft nicht mehr bestanden hat;

II. wenn der klagende Teil eine der in Art. 317 des Zivilgesetzbuchs bezeichneten Handlungen vorgenommen hat[10]).

II. Kapitel

Verbrechen gegen den Familienstand

(Bewirken der Eintragung einer nicht erfolgten Geburt)

Art. 241. Im Personenstandsregister die Eintragung einer nicht erfolgten Geburt bewirken:

Strafe — Zuchthaus von zwei bis zu sechs Jahren.

(Kindesunterschiebung. Unterdrückung oder Veränderung der mit dem Personenstand des Neugeborenen zusammenhängenden Rechte)

Art. 242. Eine fremde Geburt als die eigene ausgeben; eine Geburt verheimlichen oder einen Neugeborenen verwechseln und hierdurch die mit dem Personenstand zusammenhängenden Rechte unterdrücken oder verändern:

Strafe — Zuchthaus von zwei bis zu sechs Jahren.

Einziger Paragraph. Wenn das Verbrechen aus einem anerkanntermaßen edlen Beweggrund begangen wird:

Strafe — Gefängnis von einem bis zu zwei Jahren.

[10]) Anm. des Übersetzers: Art. 317 des Código Civil lautet: Die Klage auf gerichtliche Trennung kann nur auf einen der folgenden Gründe gestützt werden: I. Ehebruch, II. Tötungsversuch, III. Mißhandlung oder schwere Beleidigung, IV. Freiwilliges Fernbleiben von der Ehewohnung während zweier aufeinanderfolgender Jahre.

(Verdunkelung des Personenstandes)

Art. 243. Ein eigenes oder fremdes Kind in einem Findelhaus oder einer anderen Hilfsinstitution verlassen und hierbei seinen Personenstand verheimlichen oder ihm einen anderen zuschreiben, um die mit dem Personenstand verbundenen Rechte zu beeinträchtigen:

Strafe — Zuchthaus von einem bis zu fünf Jahren und Geldstrafe von eintausend bis zu achtausend Cruzeiros.

III. Kapitel
Verbrechen gegen die Familienpflichten

(Materielle Vernachlässigung der Familie)

Art. 244. Ohne berechtigten Grund nicht für den Lebensunterhalt des Ehegatten, eines noch nicht achtzehn Jahre alten oder arbeitsunfähigen Kindes oder eines hinfälligen oder siechen Verwandten aufsteigender Linie sorgen, indem die notwendigen Mittel nicht gewährt werden oder der gerichtlich festgesetzte Unerhalt nicht gezahlt wird; ohne berechtigten Grund einem schwerkranken Verwandten auf- oder absteigender Linie keine Hilfe leisten:

Strafe — Gefängnis von drei Monaten bis zu einem Jahr oder Geldstrafe von eintausend bis zu zehntausend Cruzeiros.

(Überlassen eines minderjährigen Kindes an eine ungeeignete Person)

Art. 245. Ein noch nicht achtzehn Jahre altes Kind einer Person überlassen, bei welcher es, wie der Täter weiß oder wissen muß, sittlich oder körperlich gefährdet ist:

Strafe — Gefängnis von einem bis zu sechs Monaten.

Einziger Paragraph. Handelt der Täter um seines Vorteils willen, so erhöht sich die Strafe um ein Sechstel bei gleichzeitiger Verhängung einer Geldstrafe von eintausend bis zu zehntausend Cruzeiros.

(Geistige Vernachlässigung)

Art. 246. Ohne berechtigten Grund nicht für den Elementarunterricht seines im schulpflichtigen Alter stehenden Kindes sorgen:

Strafe — Gefängnis von zwei Wochen bis zu einem Monat oder Geldstrafe von zweihundert bis zu fünfhundert Cruzeiros.

Art. 247. Zulassen, daß ein noch nicht achtzehn Jahre altes Kind, das der Gewalt des Täters untersteht oder seiner Aufsicht oder seiner Obhut anvertraut ist:

I. in Spielsälen oder an in schlechtem Ruf stehenden Orten verkehrt oder mit einer lasterhaften oder einen üblen Lebenswandel führenden Person Umgang pflegt;

II. Vorstellungen, die geeignet sind, es sittlich zu verderben oder sein Schamgefühl zu verletzen, besucht oder an Darbietungen solcher Art sich beteiligt;

III. in einem Hause, in dem die Prostitution ausgeübt wird, wohnt oder arbeitet;

IV. bettelt oder einem Bettler dazu dient, öffentlich Mitleid zu erregen:

Strafe — Gefängnis von einem bis zu drei Monaten oder Geldstrafe von zweihundert bis zu eintausend Cruzeiros.

IV. Kapitel

Verbrechen gegen die sich aus der väterlichen Gewalt, der Vormundschaft und Pflegschaft ergebenden Rechte

(Verleitung zur Flucht, unbefugte Überlassung oder Vorenthaltung von Pflegebefohlenen)

Art. 248. Einen Minderjährigen unter achtzehn Jahren oder einen Entmündigten dazu verleiten, den Ort, an dem er sich auf Anordnung des Gewalthabers, auf Grund gesetzlicher Bestimmungen oder gerichtlicher Entscheidung befindet, zu verlassen; einen Minderjährigen unter achtzehn Jahren oder einen Entmündigten ohne Anordnung der Eltern, des Vormunds oder Pflegers einem anderen anvertrauen oder demjenigen, der eine solche Person rechtmäßig beansprucht, rechtswidrig vorenthalten:

Strafe — Gefängnis von einem Monat bis zu einem Jahre oder Geldstrafe von zweihundert bis zu zweitausend Cruzeiros.

(Entziehung von Pflegebefohlenen)

Art. 249. Einen Minderjährigen unter achtzehn Jahren oder einen Entmündigten der Gewalt desjenigen entziehen, der eine solche Person auf Grund gesetzlicher Bestimmung oder richterlicher Anordnung unter seiner Aufsicht hat:

Strafe — Gefängnis von zwei Monaten bis zu zwei Jahren, sofern die Handlung nicht Merkmal eines anderen Verbrechens ist.

§ 1. Der Umstand, daß der Täter Elternteil oder Vormund des Minderjährigen oder Pfleger des Entmündigten ist, befreit ihn nicht von Strafe, wenn ihm die väterliche Gewalt, Vormundschaft, Pflegschaft oder Obhut entzogen oder deren Ausübung zeitweilig untersagt ist.

§ 2. Der Richter kann im Falle der Rückgabe des Minderjährigen oder Entmündigten von Strafe absehen, wenn dieser keine Mißhandlungen oder Entbehrungen erlitten hat.

VIII. Titel

Verbrechen gegen die öffentliche Sicherheit vor Gefahren

I. Kapitel

Gemeingefährliche Verbrechen

(Brandstiftung)

Art. 250. Einen Brand stiften und dadurch Leben, körperliche Unversehrtheit oder Vermögen eines anderen einer Gefahr aussetzen:

Strafe — Zuchthaus von drei bis zu sechs Jahren und Geldstrafe von zweitausend bis zu zehntausend Cruzeiros.

(Straferhöhung)

§ 1. Die Strafe erhöht sich um ein Drittel:

I. wenn das Verbrechen in der Absicht begangen ist, für sich oder einen anderen einen geldlichen Vorteil zu erlangen;

II. wenn die Brandstiftung erfolgt:

a) an einem bewohnten oder zum Wohnen bestimmten Raum;

b) an einem öffentlichen oder zu öffentlichem Gebrauch bestimmten Gebäude oder einem sozialen oder kulturellen Zwecken dienenden Werk;

c) an einem Schiff, Luftfahrzeug, Zug oder dem allgemeinen Transport dienenden Fahrzeug;

d) an einem Bahnhof oder Flughafen;
e) an einer Werft, Fabrik oder Werkstatt;
f) an einem Lager von Explosiv-, Brenn- oder entzündlichen Stoffen;
g) an einer Petroleumquelle oder einem Bergwerksstollen;
h) an Feldern, Weideplätzen, Wäldern oder Forsten.

(Fahrlässige Brandstiftung)

§ 2. Ist die Brandstiftung fahrlässig erfolgt, so beträgt die Strafe Gefängnis von sechs Monaten bis zu zwei Jahren.

(Sprengung)

Art. 251. Leben, körperliche Unversehrtheit oder Vermögen eines anderen durch Sprengung, Schüsse oder Errichtung einer Anlage für Dynamit oder Stoffe mit ähnlichen Wirkungen gefährden:

Strafe — Zuchthaus von drei bis zu sechs Jahren und Geldstrafe von zweitausend bis zu zehntausend Cruzeiros.

§ 1. Ist die benutzte Substanz weder Dynamit noch ein Stoff mit ähnlichen Wirkungen:

Strafe — Zuchthaus von einem bis zu vier Jahren und Geldstrafe von eintausend bis zu achttausend Cruzeiros.

(Straferhöhung)

§ 2. Die Strafen erhöhen sich um ein Drittel, wenn die im vorangegangenen Artikel § 1 Nr. I bezeichneten Voraussetzungen erfüllt sind oder die Handlung auf einen der im gleichen Paragraphen unter Nr. II bezeichneten Gegenstände gerichtet ist oder einer dieser Gegenstände getroffen wird.

(Fahrlässige Begehung)

§ 3. Bei fahrlässiger Begehung beträgt die Strafe, sofern die Explosion mit Dynamit oder einem Stoff mit ähnlichen Wirkungen herbeigeführt ist, Gefängnis von sechs Monaten bis zu zwei Jahren, in sonstigen Fällen Gefängnis von drei Monaten bis zu einem Jahre.

(Gebrauch von Gift- oder Erstickungsgasen)

Art. 252. Leben, körperliche Unversehrtheit oder Vermögen eines anderen durch Gebrauch von Gift- oder Erstickungsgasen gefährden:

Strafe — Zuchthaus von einem bis zu vier Jahren und Geldstrafe von eintausend bis zu achttausend Cruzeiros.

(Fahrlässige Begehung)

Einziger Paragraph. Ist das Verbrechen fahrlässig begangen:

Strafe — Gefängnis von drei Monaten bis zu einem Jahre.

(Fabrikation, Lieferung, Erwerb, Besitz oder Beförderung von Explosivstoffen, Gift- oder Erstickungsgasen)

Art. 253. Explosivstoffe, Sprenganlagen, Gift- oder Erstickungsgase oder Material zu ihrer Verfertigung ohne behördliche Erlaubnis herstellen, liefern, erwerben, im Besitz haben oder befördern:

Strafe — Gefängnis von sechs Monaten bis zu zwei Jahren und Geldstrafe von eintausend bis zu fünftausend Cruzeiros.

(Überschwemmung)

Art. 254. Eine Überschwemmung herbeiführen und dadurch Leben, körperliche Unversehrtheit oder Vermögen eines anderen gefährden:

Strafe — Bei vorsätzlicher Begehung Zuchthaus von drei bis zu sechs Jahren und Geldstrafe von zweitausend bis zu zehntausend Cruzeiros, bei fahrlässiger Begehung Gefängnis von sechs Monaten bis zu zwei Jahren.

(Herbeiführung einer Überschwemmungsgefahr)

Art. 255. Ein natürliches Hindernis oder eine Einrichtung, die zur Verhinderung einer Überschwemmung dient, auf eigenem oder fremdem Grundstück beseitigen, zerstören oder unbrauchbar machen und dadurch Leben, körperliche Unversehrtheit oder Vermögen eines anderen gefährden:

Strafe — Zuchthaus von einem bis zu drei Jahren und Geldstrafe von eintausend bis zu fünftausend Cruzeiros.

(Einsturz oder Zusammenbruch)

Art. 256. Einen Einsturz oder Zusammenbruch herbeiführen und dadurch Leben, körperliche Unversehrtheit oder Vermögen eines anderen gefährden:

Strafe — Zuchthaus von einem bis zu vier Jahren und Geldstrafe von eintausend bis zu zehntausend Cruzeiros.

(Fahrlässige Begehung)

Einziger Paragraph. Ist das Verbrechen fahrlässig begangen:

Strafe — Gefängnis von sechs Monaten bis zu einem Jahr.

(Wegnehmen, Verbergen oder Unbrauchbarmachen von Rettungsgeräten)

Art. 257. Bei Brand, Überschwemmung, Schiffbruch oder einem anderen Unglücks- oder Notfall Apparate, Geräte oder sonstige Mittel, die zur Bekämpfung der Gefahr, zur Hilfe oder Rettung bestimmt sind, wegnehmen, verbergen oder unbrauchbar machen oder die Bemühungen für jene Zwecke erschweren:

Strafe — Zuchthaus von zwei bis zu fünf Jahren und Geldstrafe von eintausend bis zu achttausend Cruzeiros.

(Qualifizierungen der gemeingefährlichen Verbrechen)

Art. 258. Hat ein vorsätzliches gemeingefährliches Verbrechen eine schwere Körperverletzung zur Folge, so wird die Freiheitsstrafe um die Hälfte erhöht; hat es den Tod zur Folge, findet Erhöhung auf das Doppelte statt. Bei fahrlässiger Begehung wird, wenn die Tat eine Körperverletzung zur Folge hat, die Strafe um die Hälfte erhöht; wenn sie den Tod zur Folge hat, findet die für fahrlässige Tötung angedrohte Strafe Anwendung unter Erhöhung um ein Drittel.

(Verbreitung von Krankheiten oder Schädlingen)

Art. 259. Krankheiten oder Schädlinge, die an Wäldern, Anpflanzungen oder Nutztieren Schaden verursachen können, verbreiten:

Strafe — Zuchthaus von zwei bis zu fünf Jahren und Geldstrafe son eintausend bis zu zehntausend Cruzeiros.

(Fahrlässige Begehung)

Einziger Paragraph. Bei fahrlässiger Begehung beträgt die Strafe Gefängnis von einem bis zu sechs Monaten oder Geldstrafe von fünfhundert bis zu fünftausend Cruzeiros.

II. Kapitel

Verbrechen gegen die Sicherheit der telegraphischen und telephonischen Verbindungen, der Beförderungs- und Transportmittel und anderer öffentlicher Dienste

(Herbeiführung der Gefahr eines Eisenbahnunglücks)

Art. 260. Den Betrieb einer Eisenbahn hindern oder stören:

I. durch vollkommene oder teilweise Zerstörung, Beschädigung oder Störung der Bahnlinie, des rollenden oder der Zugkraft dienenden Materials, der Eisenbahnanlagen oder -einrichtungen;

II. durch Bereiten von Hindernissen auf der Linie;

III. durch Abgabe falscher Zeichen hinsichtlich des Zugverkehrs, durch Unterbrechen oder Stören der telegraphischen, telephonischen oder funkentelegraphischen Verbindungen;

IV. durch Vornahme anderer Handlungen, aus denen ein Unfall hervorgehen kann:

Strafe — Zuchthaus von zwei bis zu fünf Jahren und Geldstrafe von zweitausend bis zu zehntausend Cruzeiros.

(Eisenbahnunglück)

§ 1. Wenn die Handlung ein Eisenbahnunglück zur Folge hat:

Strafe — Zuchthaus von vier bis zu zwölf Jahren und Geldstrafe von zweitausend bis zu zehntausend Cruzeiros.

§ 2. Bei fahrlässiger Begehung, falls sich ein Eisenbahnunglück ereignet:

Strafe — Gefängnis von sechs Monaten bis zu zwei Jahren.

§ 3. Eisenbahn im Sinne dieses Artikels ist jeder Verbindungsweg, auf welchem Wagen vermittels mechanischer Zugkraft auf Schienen oder an Schwebeseilen verkehren.

(Angriff auf die Sicherheit der See-, Fluß- oder Luftbeförderung)

Art. 261. Ein eigenes oder fremdes Schiff oder Luftfahrzeug einer Gefahr aussetzen oder eine Handlung vornehmen, die darauf gerichtet ist, die See-, Fluß- oder Luftschiffahrt zu hindern oder zu erschweren:

Strafe — Zuchthaus von zwei bis zu fünf Jahren.

(Eintritt eines Schadens bei See-, Fluß- oder Luftbeförderung)

§ 1. Wenn die Tat Schiffbruch, Untergang oder Stranden des Schiffes, Absturz oder Zerstörung des Luftfahrzeuges zur Folge hat:

Strafe — Zuchthaus von vier bis zu zwölf Jahren.

(Begehung des Verbrechens in Vorteilsabsicht)

§ 2. Wenn der Täter das Verbrechen in der Absicht begeht, einen wirtschaftlichen Vorteil für sich oder einen anderen zu erlangen, ist außerdem auf Geldstrafe von fünftausend bis zu fünfzehntausend Cruzeiros zu erkennen.

(Fahrlässige Begehung)

§ 3. Tritt im Falle fahrlässiger Begehung der oben bezeichnete Schaden ein:

Strafe — Gefängnis von sechs Monaten bis zu zwei Jahren.

(Angriff auf die Sicherheit anderer Beförderungsmittel)

Art. 262. Ein anderes öffentliches Beförderungsmittel in Gefahr bringen oder seinen Betrieb hindern oder erschweren:

Strafe — Gefängnis von ein bis zu zwei Jahren.

§ 1. Wenn die Tat einen Unfall zur Folge hat, wird der Täter mit Zuchthaus von zwei bis zu fünf Jahren bestraft.

§ 2. Tritt bei fahrlässiger Begehung ein Unfall ein:

Strafe — Gefängnis von drei Monaten bis zu einem Jahre.

(Qualifizierung)

Art. 263. Tritt bei Begehung eines der in den Art. 260—262 bezeichneten Verbrechen als weitere Folge eines Unglücks- oder Schadensfalles eine Körperverletzung oder der Tod ein, so findet die Bestimmung des Art. 258 Anwendung.

(Werfen von Gegenständen)

Art. 264. Einen Gegenstand gegen ein in Bewegung befindliches Beförderungsmittel, das zum öffentlichen Transport auf Land, Wasser oder in der Luft bestimmt ist, werfen:

Strafe — Gefängnis von einem bis zu sechs Monaten.

Einziger Paragraph. Hat die Handlung eine Körperverletzung zur Folge, so wird der Täter mit Gefängnis von sechs Monaten bis zu zwei Jahren bestraft; hat sie den Tod zur Folge, so findet die in Art. 121 § 3 angedrohte Strafe unter Erhöhung um ein Drittel Anwendung.

(Angriff gegen die Sicherheit eines dem öffentlichen Nutzen dienenden Betriebes)

Art. 265. Ein Angriff auf die Sicherheit oder den ordnungsmäßigen Gang der Betriebe für Wasser, Licht, Kraft oder Wärme oder eines sonstigen dem öffentlichen Nutzen dienenden Betriebes vornehmen:

Strafe — Zuchthaus von einem bis zu fünf Jahren und Geldstrafe von eintausend bis zu fünftausend Cruzeiros.

(Unterbrechung oder Störung des Telegraphen- oder Telephonbetriebes)

Art. 266. Den Telegraphen-, funkentelegraphischen oder Telephonbetrieb unterbrechen oder stören oder seine Wiederherstellung verhindern oder erschweren:

Strafe — Gefängnis von einem bis zu drei Jahren und Geldstrafe von eintausend bis zu fünftausend Cruzeiros.

Einziger Paragraph. Ist das Verbrechen bei Gelegenheit eines öffentlichen Notstandes begangen, so werden die Strafen in doppelter Höhe verhängt.

III. Kapitel

Verbrechen gegen die Volksgesundheit

(Epidemie)

Art. 267. Eine Epidemie durch Verbreitung von Krankheitserregern hervorrufen.

Strafe — Zuchthaus von fünf bis zu fünfzehn Jahren.

§ 1. Wenn die Handlung den Tod zur Folge hat, wird die Strafe in doppelter Höhe verhängt.

§ 2. Bei fahrlässiger Begehung ist auf Gefängnis von einem bis zu zwei Jahren oder, wenn die Tat den Tod zur Folge hat, von zwei bis zu vier Jahren zu erkennen.

(Übertretung einer vorbeugenden Gesundheitsmaßnahme)

Art. 268. Eine Anordnung der öffentlichen Gewalt übertreten, die dazu bestimmt ist, das Einschleppen oder die Verbreitung einer ansteckenden Krankheit zu verhindern:

Strafe — Gefängnis von einem Monat bis zu einem Jahre und Geldstrafe von zweihundert bis zu dreitausend Cruzeiros.

Einziger Paragraph. Die Strafe erhöht sich um ein Drittel, wenn der Täter im öffentlichen Gesundheitsdienst angestellt ist oder den Beruf eines Arztes, Apothekers, Zahnarztes oder Krankenpflegers ausübt.

(Unterlassen der Anzeige einer Krankheit)

Art. 269. Wenn ein Arzt es unterläßt, der Behörde eine Krankheit anzuzeigen, deren Anzeige zwingend vorgeschrieben ist:

Strafe — Gefängnis von sechs Monaten bis zu zwei Jahren und Geldstrafe von fünfhundert bis zu dreitausend Cruzeiros.

(Vergiften von Trinkwasser oder von Stoffen, die der Ernährung oder medizinischen Zwecken dienen)

Art. 270. Trinkwasser, das öffentlichem oder privatem Gebrauch dient, oder Stoffe, die zur Ernährung oder zur Verwendung für medizinische Zwecke bestimmt sind, vergiften:

Strafe — Zuchthaus von fünf bis zu fünfzehn Jahren.

§ 1. Dieselbe Strafe verwirkt, wer Wasser oder einen der bezeichneten Stoffe in vergiftetem Zustand zum Verbrauch aushändigt oder zum Zwecke der Verteilung in Aufbewahrung hat.

(Fahrlässige Begehung)

§ 2. Bei fahrlässiger Begehung:

Strafe — Gefängnis von sechs Monaten bis zu zwei Jahren.

(Verderben oder Verunreinigen von Trinkwasser)

Art. 271. Trinkwasser, das dem allgemeinen oder privaten Gebrauch dient, verderben oder verunreinigen, so daß es ungeeignet für den Verbrauch oder schädlich für die Gesundheit wird:

Strafe — Zuchthaus von zwei bis zu fünf Jahren.

(Fahrlässige Begehung)

Einziger Paragraph. Ist das Verbrechen fahrlässig begangen:

Strafe — Gefängnis von zwei Monaten bis zu einem Jahr.

(Verderben, Verfälschen oder fälschliche Herstellung von Stoffen, die der Ernährung oder medizinischen Zwecken dienen)

Art. 272. Stoffe, die zur Ernährung oder zum Verbrauch für medizinische Zwecke bestimmt sind, verderben, verfälschen oder fälschlich herstellen, so daß sie gesundheitsschädlich werden:

Strafe — Zuchthaus von zwei bis zu sechs Jahren und Geldstrafe von fünftausend bis zu fünfzehntausend Cruzeiros.

§ 1. Dieselbe Strafe verwirkt, wer solche verdorbenen oder verfälschten Stoffe verkauft, zum Verkauf feilbietet, zum Zwecke des Verkaufs aufbewahrt oder in irgendeiner Weise zum Verbrauch ausgibt.

(Fahrlässige Begehung)

§ 2. Ist das Verbrechen fahrlässig begangen:

Strafe — Gefängnis von sechs Monaten bis zu einem Jahre und Geldstrafe von fünfhundert bis zu zweitausend Cruzeiros.

(Veränderung von Stoffen, die der Ernährung oder medizinischen Zwecken dienen)

Art. 273[11]). Stoffe, die der Ernährung oder medizinischen Zwecken dienen, in der Weise verfälschen:

I. daß ihre Beschaffenheit verändert oder ihr Nähr- oder Heilwert vermindert wird;

II. daß Bestandteile ihrer normalen Zusammensetzung ganz oder teilweise nicht zur Verwendung gelangen oder durch andere von geringerer Qualität ersetzt werden:

Strafe — Zuchthaus von einem bis zu drei Jahren und Geldstrafe von eintausend bis zu fünftausend Cruzeiros.

§ 1. Dieselbe Strafe verwirkt, wer Stoffe, die in der in diesem Artikel bezeichneten Weise verändert sind, verkauft, zum Verkaufe feilbietet, zum Zwecke des Verkaufs aufbewahrt oder in irgendeiner Weise zum Verbrauch ausgibt.

(Fahrlässige Begehung)

§ 2. Ist das Verbrechen fahrlässig begangen:

Strafe — Gefängnis von zwei bis zu sechs Monaten und Geldstrafe von zweihundert bis zu eintausend Cruzeiros.

(Anwendung eines verbotenen Herstellungsverfahrens und Benutzung von gesetzlich nicht zugelassenen Stoffen)

Art. 274. Bei der Herstellung von Genußmitteln einen Überzug, künstliche Kohlensäure, Farbstoffe, antiseptische Aromastoffe, Konservierungsmittel oder andere Materialien, soweit sie von der Gesundheitsgesetzgebung nicht ausdrücklich zugelassen sind, verwenden:

Strafe — Gefängnis von einem bis zu drei Monaten und Geldstrafe von zweihundert bis zu eintausend Cruzeiros.

(Verpackungen oder Gefäße mit unrichtiger Bezeichnung)

Art. 275. Auf einer Verpackung oder einem Gefäß eines Nahrungs- oder Heilmittels das Vorhandensein eines Stoffes angeben, der in seinem Inhalt nicht oder in geringerer als der angegebenen Menge enthalten ist:

Strafe — Gefängnis von einem bis zu drei Monaten oder Geldstrafe von fünfhundert bis zu fünftausend Cruzeiros.

(Verkauf von Erzeugnissen oder Stoffen der in den beiden vorangegangenen Artikeln bezeichneten Beschaffenheit)

Art. 276. Erzeugnisse der in den Art. 274 und 275 bezeichneten Beschaffenheit verkaufen, zum Verkaufe feilbieten, zum Zwecke des Verkaufs aufbewahren oder in irgendeiner Weise zu Verbrauchszwecken ausgeben:

Strafe — Gefängnis von einem bis zu drei Monaten oder Geldstrafe von fünfhundert bis zu fünftausend Cruzeiros.

---

11) Anm. des Übersetzers: Hinsichtlich der Frage, wann Nahrungsmittel als verändert anzusehen sind, enthält das Decret Nr. 16.300 vom 31. 12. 1923 (Art. 670) nähere Bestimmungen, desgl. auch Regelungen über die medizinischen Zwecken dienenden Stoffe.

(Stoffe, die zu Verfälschungszwecken bestimmt sind)

Art. 277. Stoffe, die zur Verfälschung von Nahrungs- oder Heilmitteln bestimmt sind, verkaufen, zum Verkauf feilbieten, aufbewahren oder anderen überlassen:

Strafe — Gefängnis von sechs Monaten bis zu einem Jahr und Geldstrafe von fünfhundert bis zu fünftausend Cruzeiros.

(Andere der Volksgesundheit schädliche Stoffe)

Art. 278. Gesundheitsschädliche Gegenstände oder Stoffe, auch wenn sie nicht zur Ernährung oder zu Heilzwecken bestimmt sind, herstellen, verkaufen, zum Verkaufe feilbieten, zu Verkaufszwecken aufbewahren oder in irgendeiner Weise zum Verbrauch ausgeben:

Strafe — Gefängnis von einem bis zu drei Jahren und Geldstrafe von zweitausend bis zu fünftausend Cruzeiros.

(Fahrlässige Begehung)

Einziger Paragraph. Ist das Verbrechen fahrlässig begangen:
Strafe — Gefängnis von zwei Monaten bis zu einem Jahr.

(Schadhafte Stoffe)

Art. 279. Schadhafte Nahrungs- oder Heilmittel verkaufen, zum Zwecke des Verkaufs aufbewahren, zum Verkauf feilbieten oder in irgendeiner Weise zum Zwecke des Verbrauchs ausgeben:

Strafe — Gefängnis von einem bis zu drei Jahren oder Geldstrafe von eintausend bis zu zehntausend Cruzeiros.

(Lieferung von Heilmitteln in Nichtübereinstimmung mit der ärztlichen Verschreibung)

Art. 280. Heilmittel in Nichtübereinstimmung mit der ärztlichen Verschreibung liefern:

Strafe — Gefängnis von einem bis zu drei Jahren oder Geldstrafe von eintausend bis zu fünftausend Cruzeiros.

(Fahrlässige Begehung)

Einziger Paragraph. Ist das Verbrechen fahrlässig begangen:
Strafe — Gefängnis von zwei Monaten bis zu einem Jahr.

(Unerlaubter Handel mit Rauschgiften und Förderung ihres Gebrauchs)

Art. 281. Ohne behördliche Genehmigung oder im Widerspruch zu einer in Gesetzen oder Verordnungen enthaltenen Bestimmung Rauschgifte ein- oder ausführen, verkaufen oder zum Verkauf feilbieten, liefern, und zwar auch unentgeltlich, befördern, bei sich führen, auf Lager haben, in Obhut nehmen, darbieten oder in irgendeiner Weise für den Verbrauch ausgeben:

Strafe — Zuchthaus von einem bis zu fünf Jahren und Geldstrafe von zweitausend bis zu zehntausend Cruzeiros.

§ 1. Wenn der Täter Apotheker, Arzt oder Zahnarzt ist:

Strafe — Zuchthaus von zwei bis zu acht Jahren und Geldstrafe von dreitausend bis zu zwölftausend Cruzeiros.

§ 2. Ein Arzt oder Zahnarzt, der rauschgifthaltige Stoffe außerhalb des Rahmens der therapeutisch indizierten Fälle oder in einer Dosis, die offensichtlich größer als notwendig ist, oder unter Übertretung einer in Gesetzen oder Verordnungen enthaltenen Vorschrift verschreibt, wird mit Gefängnis von sechs Monaten bis zu zwei Jahren und mit Geldstrafe von fünfhundert bis zu fünftausend Cruzeiros bestraft.

§ 3. Die im vorhergehenden Paragraphen bezeichneten Strafen finden auch auf denjenigen Anwendung, welcher:

I. einen anderen zum Gebrauch von Rauschgiften bestimmt oder verleitet;

II. für gesetzwidrige Verwendung oder Aufbewahrung von Rauschgiften einen Ort benutzt, an welchem er Eigentum, Besitz, Verwaltung oder Überwachung hat, oder einwilligt, daß ein anderer diesen, sei es auch unentgeltlich, hierzu benutzt;

III. in irgendeiner Weise zur Förderung oder zur Verbreitung des Gebrauchs rauschgifthaltiger Stoffe beiträgt.

§ 4. Die Strafen erhöhen sich um ein Drittel, wenn die rauschgifthaltigen Stoffe an einen Minderjährigen unter achtzehn Jahren verkauft, bei ihm angewandt, an ihn geliefert oder ihm verschrieben werden.

(Unerlaubte Ausübung der Heilkunde, Zahnheilkunde oder des Apothekerberufs)

Art. 282. Den Beruf eines Arztes, Zahnarztes oder Apothekers ohne eine dem Gesetz entsprechende Zulassung oder unter Überschreitung der durch diese gezogenen Schranken, sei es auch unentgeltlich, ausüben.

Strafe — Gefängnis von sechs Monaten bis zu zwei Jahren.

Einziger Paragraph. Ist das Verbrechen zwecks Erlangung eines Vorteils begangen worden, so ist außerdem auf Geldstrafe von eintausend bis zu fünftausend Cruzeiros zu erkennen.

(Unzulässige Propaganda)

Art. 283. Heilung durch geheime oder angeblich unfehlbare Mittel anempfehlen oder anzeigen:

Strafe — Gefängnis von drei Monaten bis zu einem Jahr und Geldstrafe von eintausend bis zu fünftausend Cruzeiros.

(Kurpfuscherei)

Art. 284. Kurpfuscherei ausüben:

I. durch gewohnheitsmäßiges Verschreiben, Liefern oder Anwenden irgendwelcher Stoffe;

II. durch Gebrauch von Gebärden, Worten oder sonstigen Mitteln;

III. durch Stellen von Diagnosen:

Strafe — Gefängnis von sechs Monaten bis zu zwei Jahren.

Einziger Paragraph. Ist das Verbrechen gegen Entgelt begangen worden, ist außerdem auf Geldstrafe von eintausend bis zu fünftausend Cruzeiros zu erkennen.

(Qualifikation)

Art. 285. Auf die in diesem Kapitel bezeichneten Verbrechen mit Ausnahme des in Art. 267 aufgeführten findet die Vorschrift des Art. 258 Anwendung.

IX. Titel
Verbrechen gegen den öffentlichen Frieden

(Aufforderung zur Begehung eines Verbrechens)

Art. 286. Öffentlich zur Begehung eines Verbrechens auffordern:

Strafe — Gefängnis von drei bis zu sechs Monaten oder Geldstrafe von eintausend bis zu dreitausend Cruzeiros.

(Rechtfertigung von Verbrechen oder Verbrechern)

Art. 287. Öffentlich eine verbrecherische Tat oder den Urheber eines Verbrechens rechtfertigen:

Strafe — Gefängnis von drei bis zu sechs Monaten oder Geldstrafe von eintausend bis zu dreitausend Cruzeiros.

(Horde und Bande)

Art. 288. Wenn sich mehr als drei Personen zu einer Horde oder Bande[12]) vereinigen, um Verbrechen zu begehen:

Strafe — Zuchthaus von einem bis zu drei Jahren.

Einziger Paragraph. Die Strafe wird in doppelter Höhe verwirkt, wenn die Horde oder Bande mit Waffen versehen ist.

X. Titel
Verbrechen gegen das öffentliche Vertrauen

I. Kapitel
Geldfälschung

(Geldfälschung)

Art. 289. Metall- oder Papiergeld, das gesetzlichen Kurs im In- oder Ausland hat, fälschlich herstellen oder verändern:

Strafe — Zuchthaus von drei bis zu zwölf Jahren und Geldstrafe von zweitausend bis zu fünfzehntausend Cruzeiros.

§ 1. Dieselbe Strafe verwirkt, wer auf eigene oder fremde Rechnung Falschgeld ein- oder ausführt, erwirbt, verkauft, tauscht, überträgt, als Darlehn gibt, aufbewahrt oder in Verkehr bringt.

§ 2. Wer falsches oder verändertes Geld gutgläubig als echtes empfängt und nach Erkennen der Unechtheit wieder in Verkehr bringt, wird mit Gefängnis von sechs Monaten bis zu zwei Jahren und mit Geldstrafe von fünfhundert bis zu fünftausend Cruzeiros bestraft.

§ 3. Mit Zuchthaus von drei bis zu fünfzehn Jahren und Geldstrafe von fünftausend bis zu zwanzigtausend Cruzeiros wird bestraft ein Beamter, Direktor, Geschäftsführer oder Kontrolleur einer Emissionsbank, der herstellt, ausgibt oder zur Herstellung oder Ausgabe ermächtigt:

I. von Metallgeld mit einem das gesetzlich bestimmte Maß unterschreitenden Feingehalt oder Gewicht;

II. von Papiergeld in einer die Ermächtigung überschreitenden Menge.

§ 4. Dieselben Strafen verwirkt, wer Geld, zu dessen Umlauf die Ermächtigung noch nicht erteilt war, beiseite schafft und in Umlauf setzt.

---

[12]) Anm. des Übersetzers: Unter Horde (quadrilha) ist hier eine unter einheitlicher Leitung stehende Gruppe, unter Bande (bando) eine nichtorganisierte Gruppe von Verbrechern zu verstehen. (Vgl. Galdino Siqueira: Tratado de Direito Penal, 2. Aufl., Rio de Janeiro, 1951, Bd. 4, S. 369).

(Verbrechen, die der Geldfälschung gleichgestellt sind)

Art. 290. Scheine, Noten oder Schuldverschreibungen, die Geld darstellen sollen, mit Hilfe von Teilen echter Scheine, Noten oder Schuldverschreibungen herstellen; auf bereits eingezogenen Scheinen, Noten oder Schuldverschreibungen das die Kraftloserklärung kennzeichnende Merkmal beseitigen, um sie wieder in Umlauf zu setzen; Scheine, Noten oder Schuldverschreibungen, die diese Voraussetzungen erfüllen oder zum Zwecke der Kraftloserklärung eingezogen sind, wieder in Umlauf setzen:

Strafe — Zuchthaus von zwei bis zu acht Jahren und Geldstrafe von zweitausend bis zu zehntausend Cruzeiros.

Einziger Paragraph. Das Höchstmaß der Zuchthausstrafe beträgt zehn Jahre und das der Geldstrafe zwanzigtausend Cruzeiros, wenn das Verbrechen von einem Beamten begangen wurde, der in einer Verwaltungsabteilung tätig ist, in der sich das eingezogene Geld befindet, oder der zu einer solchen auf Grund seines Amtes leicht Zutritt hat.

(Zur Geldfälschung bestimmte Gegenstände)

Art. 291. Maschinen, Apparate, Instrumente oder sonstige speziell zur Geldfälschung bestimmte Gegenstände herstellen, erwerben, entgeltlich oder unentgeltlich liefern, in Besitz haben oder aufbewahren:

Strafe — Zuchthaus von zwei bis zu sechs Jahren und Geldstrafe von eintausend bis zu sechstausend Cruzeiros.

(Ausgabe von Inhaberpapieren ohne rechtsgültige Genehmigung)

Art. 292. Noten, Schuldverschreibungen, Marken oder sonstige Urkunden, in denen dem Inhaber die Zahlung einer Geldsumme versprochen wird oder in denen der Name des Zahlungsberechtigten nicht angegeben ist, ohne rechtsgültige Genehmigung ausgeben:

Strafe — Gefängnis von einem bis zu sechs Monaten oder Geldstrafe von zweitausend bis zu zehntausend Cruzeiros.

Einziger Paragraph. Wer eine der in diesem Artikel bezeichneten Urkunden als Geld annimmt oder gebraucht, wird mit Gefängnis von zwei Wochen bis zu drei Monaten oder mit Geldstrafe von eintausend bis zu fünftausend Cruzeiros bestraft.

II. Kapitel

Fälschung von öffentlichen Wertpapieren und anderen öffentlichen Urkunden

(Fälschung von öffentlichen Urkunden)

Art. 293. Fälschlich anfertigen oder verfälschen:

I. Briefmarken, Stempelmarken, Stempelpapier oder andere Papiere, die für die Erhebung von Steuern oder Gebühren bestimmt sind;

II. öffentliche Kreditpapiere, die nicht Geld mit gesetzlichem Kurs darstellen;

III. Postanweisungen;

IV. Pfandscheine, Sparkassenbücher oder andere Bücher von Instituten, die von einer Körperschaft des öffentlichen Rechts unterhalten werden;

V. Abschnitte, Quittungen, Zollpapiere, Bescheinigungen oder andere Urkunden, die sich auf die Erhebung öffentlicher Abgaben, Hinterlegungen oder Sicherheitsleistungen beziehen, für die die öffentliche Gewalt haftbar ist;

VI. Fahrkarten, Begleitscheine oder Frachtbriefe eines von der Union, einem Einzelstaat oder einer Gemeinde unterhaltenen Beförderungsunternehmens:

Strafe — Zuchthaus von zwei bis zu acht Jahren und Geldstrafe von dreitausend bis zu zehntausend Cruzeiros.

§ 1. Dieselbe Strafe verwirkt, wer von einer der in diesem Artikel bezeichneten gefälschten Papiere Gebrauch macht.

§ 2. Auf echten Papieren der bezeichneten Art Stempel oder sonstige Merkmale, mit denen sie zur Kennzeichnung der Unbrauchbarmachung versehen sind, beseitigen, um sie von neuem zur Benutzung geeignet zu machen:

Strafe — Zuchthaus von einem bis zu vier Jahren und Geldstrafe von eintausend bis zu fünftausend Cruzeiros.

§ 3. Dieselbe Strafe verwirkt, wer von Papieren der im vorangegangenen Paragraphen bezeichneten Art nach Vornahme der Änderung Gebrauch macht.

§ 4. Wer von fälschlich angefertigten oder verfälschten Papieren der in diesem Artikel und in § 2 dieses Artikels gekennzeichneten Art nach Erkenntnis der Fälschung oder Änderung Gebrauch macht oder sie wieder in Umlauf bringt, verwirkt, auch wenn er sie in gutem Glauben empfangen hatte, Gefängnisstrafe von sechs Monaten bis zu zwei Jahren oder Geldstrafe von eintausend bis zu fünftausend Cruzeiros.

(Zur Fälschung bestimmte Gegenstände)

§ 294. Gegenstände, die speziell zur Fälschung der im vorhergehenden Artikel bezeichneten Papiere bestimmt sind, herstellen, erwerben, liefern, in Besitz haben oder aufbewahren:

Strafe — Zuchthaus von einem bis zu drei Jahren und Geldstrafe von eintausend bis zu fünftausend Cruzeiros.

Art. 295. Ist der Täter Beamter und begeht er das Verbrechen unter Ausnutzung seiner Amtsstellung, so erhöht sich die Strafe um den sechsten Teil.

III. Kapitel
Urkundenfälschung

(Fälschung von öffentlichen Siegeln oder Stempeln)

Art. 296. Fälschlich herstellen oder ändern:

I. ein öffentliches Siegel, das dazu bestimmt ist, einer amtlichen Urkunde der Union, eines Einzelstaates oder einer Gemeinde Rechtsgültigkeit zu verleihen;

II. ein Siegel oder einen Stempel, der durch Gesetz einer Körperschaft des öffentlichen Rechts oder einer Behörde verliehen ist, oder den öffentlichen Stempel eines Notars:

Strafe — Zuchthaus von zwei bis zu sechs Jahren und Geldstrafe von eintausend bis zu zehntausend Cruzeiros.

§ 1. Dieselbe Strafe verwirkt:

I. wer von dem gefälschten Siegel oder Stempel Gebrauch macht;

II. wer unbefugt ein echtes Siegel oder einen echten Stempel zum Nachteil eines anderen oder zu eigenem oder fremdem Vorteil gebraucht.

§ 2. Ist der Täter Beamter und begeht er das Verbrechen unter Ausnutzung seiner Amtsstellung, so erhöht sich die Strafe um den sechsten Teil.

(Fälschung öffentlicher Urkunden)

Art. 297. Eine öffentliche Urkunde ganz oder teilweise fälschlich anfertigen oder eine echte öffentliche Urkunde verfälschen:

Strafe — Zuchthaus von zwei bis zu sechs Jahren und Geldstrafe von eintausend bis zu zehntausend Cruzeiros.

§ 1. Ist der Täter Beamter und begeht er das Verbrechen unter Ausnutzung seiner Amtsstellung, so erhöht sich die Strafe um den sechsten Teil.

§ 2. Hinsichtlich der strafrechtlichen Wirkungen stehen die von einer Körperschaft des öffentlichen Rechts hergestellten Urkunden, Wertpapiere, die auf den Inhaber lauten oder durch Indossament übertragen werden können, Aktien einer Handelsgesellschaft, Handelsbücher und Privattestamente öffentlichen Urkunden gleich.

(Fälschung von Privaturkunden)

Art. 298. Eine Privaturkunde ganz oder teilweise fälschlich anfertigen oder eine echte Privaturkunde verfälschen:

Strafe — Zuchthaus von einem bis zu fünf Jahren und Geldstrafe von fünfhundert bis zu achttausend Cruzeiros.

(Unwahre Beurkundung)

Art. 299. In einer öffentlichen oder privaten Urkunde eine Erklärung auslassen, die in sie aufzunehmen war, oder in sie eine unwahre oder von der zu beurkundenden abweichende Erklärung aufnehmen oder aufnehmen lassen in der Absicht, ein Recht zu schädigen, eine Verpflichtung zu begründen oder die Wahrheit in bezug auf eine rechtlich erhebliche Tatsache zu verfälschen:

Strafe — Zuchthaus von einem bis zu fünf Jahren und Geldstrafe von eintausend bis zu zehntausend Cruzeiros, sofern es sich um eine öffentliche Urkunde handelt, und Zuchthaus von einem bis zu drei Jahren und Geldstrafe von fünfhundert bis zu fünftausend Cruzeiros, sofern es sich um eine Privaturkunde handelt.

Einziger Paragraph. Ist der Täter Beamter und begeht er das Verbrechen unter Ausnutzung seiner Amtsstellung oder handelt es sich um die wahrheitswidrige Vornahme oder Änderung einer Eintragung im Personenstandsregister, so erhöht sich die Strafe um den sechsten Teil.

(Wahrheitswidrige Beglaubigung von Unterschriften oder Schriftzeichen)

Art. 300. In Ausübung eines öffentlichen Amtes eine Unterschrift oder ein Schriftzeichen wahrheitswidrig als echt beglaubigen:

Strafe — Zuchthaus von einem bis zu fünf Jahren und Geldstrafe von eintausend bis zu zehntausend Cruzeiros bei öffentlichen Urkunden und Zuchthaus von einem bis zu drei Jahren und Geldstrafe von fünfhundert bis zu fünftausend Cruzeiros bei Privaturkunden.

(Wahrheitswidrige Ausstellung von Bescheinigungen oder Zeugnissen)

Art. 301. Auf Grund eines öffentlichen Amtes der Wahrheit zuwider eine Tatsache oder einen Umstand bescheinigen oder bezeugen, der einen anderen instandsetzt, ein öffentliches Amt, Befreiung von einer öffentlichen Verpflichtung oder von einem öffentlichen Dienst oder einen sonstigen Vorteil zu erlangen:

Strafe — Gefängnis von zwei Monaten bis zu einem Jahre.

(Fälschung einer Bescheinigung oder eines Zeugnisses)

§ 1. Eine Bescheinigung oder ein Zeugnis ganz oder teilweise fälschlich anfertigen oder den Inhalt von echten Zeugnissen oder Bescheinigungen verfälschen zum Nachweis einer Tatsache oder eines Umstandes, der einen anderen instandsetzt, ein öffentliches Amt, Befreiung von einer öffentlichen Verpflichtung oder von einem öffentlichen Dienst oder einen sonstigen Vorteil zu erlangen:

Strafe — Gefängnis von drei Monaten bis zu zwei Jahren.

§ 2. Hat der Täter das Verbrechen zur Erlangung eines Vorteils begangen, so ist neben der Freiheitsstrafe auf Geldstrafe von fünfhundert bis zu dreitausend Cruzeiros zu erkennen.

(Unrichtiges Gesundheitszeugnis)

Art. 302. Ausstellung eines unrichtigen Zeugnisses durch einen Arzt in Ausübung seines Berufes:

Strafe — Gefängnis von einem Monat bis zu einem Jahr.

Einziger Paragraph. Ist das Verbrechen zur Erlangung eines Vorteils begangen, so ist außerdem auf Geldstrafe von fünfhundert bis zu dreitausend Cruzeiros zu erkennen.

(Nachbildung oder Verfälschung einer Briefmarke oder eines sonstigen für eine Briefmarkensammlung bedeutsamen Gegenstandes)

Art. 303. Eine Briefmarke oder einen sonstigen Gegenstand, der für eine Briefmarkensammlung von Wert ist, nachbilden oder verändern, außer wenn die Nachbildung oder Veränderung auf der Vorder- oder Rückseite der Briefmarke oder des Gegenstandes sichtbar kenntlich gemacht ist:

Strafe — Gefängnis von einem bis zu drei Jahren und Geldstrafe von eintausend bis zu zehntausend Cruzeiros.

Einziger Paragraph. Dieselben Strafen verwirkt, wer von einer solchen Briefmarke oder einem solchen für eine Briefmarkensammlung bedeutsamen Gegenstand zu Geschäftszwecken Gebrauch macht.

(Gebrauch von falschen Urkunden)

Art. 304. Von fälschlich angefertigten oder verfälschten Urkunden der in den Art. 297—303 bezeichneten Art Gebrauch machen:

Strafe — Die für die fälschliche Anfertigung oder Verfälschung angedrohten Strafen.

(Urkundenunterdrückung)

Art. 305. Eine echte öffentliche oder Privaturkunde, über die dem Täter kein Verfügungsrecht zusteht, zu eigenem oder fremdem Vorteil oder zum Schaden eines anderen zerstören, unterdrücken oder verbergen:

Strafe — Zuchthaus von zwei bis zu sechs Jahren und Geldstrafe von eintausend bis zu zehntausend Cruzeiros bei öffentlichen Urkunden, Zuchthaus von einem bis zu fünf Jahren und Geldstrafe von fünfhundert bis zu dreitausend Cruzeiros bei Privaturkunden.

IV. Kapitel

Andere Fälschungen

(Fälschung von Stempeln, die zur Kennzeichnung des Feingehalts von Edelmetallen, bei der Zollkontrolle oder zu anderen Zwecken verwandt werden)

Art. 306. Siegel oder Stempel, die von Behörden zur Kennzeichnung des Feingehalts von Edelmetallen oder bei der Zollkontrolle verwandt werden, fälschlich anfertigen oder verfälschen oder von Siegeln oder Stempeln dieser Art, die von einem anderen gefälscht sind, Gebrauch machen:

Strafe — Zuchthaus von zwei bis zu sechs Jahren und Geldstrafe von zweitausend bis zu zehntausend Cruzeiros.

Einziger Paragraph. Wird eine Fälschung von Stempeln oder Siegeln vorgenommen, die von Behörden für die Zwecke der Sanitätskontrolle, zur amtlichen Kennzeichnung oder zum Verschluß bestimmter Gegenstände oder zum Beweis der Erfüllung gesetzlicher Verpflichtungen verwandt werden:

Strafe — Zuchthaus oder Gefängnis von einem bis zu drei Jahren und Geldstrafe von eintausend bis zu fünftausend Cruzeiros.

(Identitätstäuschung)

Art. 307. Sich oder einem Dritten fälschlich eine Identität beilegen, um für sich oder einen Dritten einen Vorteil zu erlangen oder einem anderen Schaden zuzufügen:

Strafe — Gefängnis von drei Monaten bis zu einem Jahr oder Geldstrafe von eintausend bis zu fünftausend Cruzeiros, sofern nicht die Tat Merkmal eines schwereren Verbrechens ist.

Art. 308. Einen Reisepaß, Wahlausweis, Reservistenpaß oder eine andere zum Nachweis der Identität dienende Urkunde eines anderen als eigene gebrauchen oder eine eigene oder fremde Urkunde dieser Art einem anderen zur Benutzung überlassen:

Strafe — Gefängnis von vier Monaten bis zu zwei Jahren und Geldstrafe von fünfhundert bis zu fünftausend Cruzeiros, sofern nicht die Tat Merkmal eines schwereren Verbrechens ist.

(Umgehung der Ausländergesetzgebung durch Täuschung)

Art. 309. Ein Ausländer, der einen ihm nicht zustehenden Namen gebraucht, um in das Inland einzureisen oder dort zu bleiben:

Strafe — Gefängnis von einem bis zu drei Jahren und Geldstrafe von zweitausend bis zu fünftausend Cruzeiros.

Art. 310. Einem Ausländer fälschlich eine Eigenschaft zuschreiben, um ihm die Einreise in das Inland zu ermöglichen:

Strafe — Zuchthaus von einem bis zu vier Jahren und Geldstrafe von zweitausend bis zu fünftausend Cruzeiros.

(Täuschung zur Beeinträchtigung der Nationalisierung von Gesellschaften)

Art. 311. Sich dazu hergeben, als Eigentümer oder Besitzer einer einem Ausländer gehörenden Aktie, eines solchen Titels oder Wertpapiers zu erscheinen in Fällen, in denen das Eigentum oder der Besitz dieser Werte einem Ausländer gesetzlich verboten ist:

Strafe — Gefängnis von sechs Monaten bis zu drei Jahren und Geldstrafe von fünftausend bis zu zwanzigtausend Cruzeiros.

XI. Titel

Verbrechen gegen die öffentliche Verwaltung

I. Kapitel

Beamtenverbrechen gegen die Verwaltung im allgemeinen

(Amtsunterschlagung)

Art. 312. Ein Beamter, der öffentliche oder private Gelder, Wertpapiere oder andere bewegliche Vermögensstücke, die er auf Grund seines Amtes in Besitz hat, sich zueignet oder zu eigenem oder fremdem Vorteil beiseite schafft:

Strafe — Zuchthaus von zwei bis zu zwölf Jahren und Geldstrafe von fünftausend bis zu fünfzigtausend Cruzeiros.

§ 1. Dieselbe Strafe verwirkt ein Beamter, der ohne im Besitz der Gelder, Wertpapiere oder sonstigen Vermögensstücke zu sein, diese unter Ausnutzung der Möglichkeiten, die ihm seine Eigenschaft als Beamter gewährt, zu eigenem oder fremdem Vorteil wegnimmt oder zur Wegnahme mitwirkt.

(Fahrlässige Mitwirkung zur Unterschlagung oder Wegnahme von Gegenständen, die sich in amtlichem Gewahrsam befinden [peculato culposo])

§ 2. Wirkt der Beamte fahrlässig zu dem in diesem Artikel bezeichneten Verbrechen eines anderen mit:

Strafe — Gefängnis von drei Monaten bis zu einem Jahr.

§ 3. Wird in dem im vorangegangenen Paragraphen bezeichneten Falle vor Rechtskraft des Urteils der Schaden ersetzt, so erlischt die Strafbarkeit; erfolgt der Schadensersatz nachher, so wird die verhängte Strafe um die Hälfte herabgesetzt.

(Amtsunterschlagung an Gegenständen, die der Täter infolge Irrtums eines anderen erhalten hat)

Art. 313. Ein Beamter, der Geld oder andere Gegenstände, die er in Ausübung seines Amtes infolge Irrtums eines anderen erhalten hat, sich zueignet:

Strafe — Zuchthaus von einem bis zu vier Jahren und Geldstrafe von eintausend bis zu zehntausend Cruzeiros.

(Beiseiteschaffen, Verbergen oder Unbrauchbarmachen von amtlichen Büchern oder Urkunden)

Art. 314. Ein Beamter, der öffentliche Bücher oder Urkunden, die er auf Grund seines Amtes in Aufbewahrung hat, beiseite schafft, verbirgt oder ganz oder teilweise unbrauchbar macht:

Strafe — Zuchthaus von einem bis zu vier Jahren, sofern nicht die Tat ein schwereres Verbrechen darstellt.

(Vorschriftswidrige Verwendung von öffentlichen Geldern oder Einnahmen)

Art. 315. Öffentliche Gelder oder Einnahmen entgegen den gesetzlichen Vorschriften verwenden:

Strafe — Gefängnis von einem bis zu drei Monaten oder Geldstrafe von eintausend bis zu zehntausend Cruzeiros.

(Amtserpressung)

Art. 316. Einen Vorteil, auf den kein Anspruch besteht, auf Grund einer Amtsstellung, wenn auch außerhalb der amtlichen Funktionen oder vor deren Übernahme, für sich oder einen anderen unmittelbar oder mittelbar fordern:

Strafe — Zuchthaus von zwei bis zu acht Jahren und Geldstrafe von zweitausend bis zu zwanzigtausend Cruzeiros.

(Überhebung von Steuern usw.)

§ 1. Ein Beamter, der Steuern, Gebühren oder andere Abgaben, von denen er weiß, daß sie nicht geschuldet werden, fordert oder bei der Erhebung geschuldeter Abgaben gesetzlich nicht zugelassene Zwangs- oder Druckmittel anwendet:

Strafe — Gefängnis von sechs Monaten bis zu zwei Jahren oder Geldstrafe von eintausend bis zu zehntausend Cruzeiros.

§ 2. Wenn der Beamte das, was er ohne Vorliegen einer Schuld zwecks Vereinnahmung für die öffentlichen Kassen erhalten hat, zu eigenem oder fremdem Vorteil nicht abführt:

Strafe — Zuchthaus von zwei bis zu zwölf Jahren und Geldstrafe von fünftausend bis zu zwanzigtausend Cruzeiros.

(Passive Bestechung)

Art. 317. Ein Beamter, der im Hinblick auf seine Amtsstellung, wenn auch außerhalb seiner amtlichen Funktionen oder vor deren Übernahme, für sich oder einen anderen unmittelbar oder mittelbar Vorteile, auf die kein Anspruch besteht, fordert, annimmt oder sich versprechen läßt:

Strafe — Zuchthaus von einem bis zu acht Jahren und Geldstrafe von dreitausend bis zu fünfzehntausend Cruzeiros.

§ 1. Die Strafe erhöht sich um ein Drittel, wenn der Beamte auf Grund des Vorteils oder Versprechens die Vornahme einer Amtshandlung verzögert oder unterläßt oder eine solche unter Verletzung seiner Dienstpflicht vornimmt.

§ 2. Ein Beamter, der auf Bitten oder infolge der Beeinflussung eines anderen eine Amtshandlung unter Verletzung seiner Dienstpflicht vornimmt, unterläßt oder verzögert:

Strafe — Gefängnis von drei Monaten bis zu einem Jahr oder Geldstrafe von vierhundert bis zu zweitausend Cruzeiros.

(Förderung verbotener Ein- oder Ausfuhr oder von Zoll- oder Verbrauchssteuerhinterziehung)

Art. 318. Ein Beamter, der unter Verletzung seiner Dienstpflicht verbotene Ein- oder Ausfuhr oder Zoll- oder Verbrauchssteuerhinterziehung (Art. 334) fördert:

Strafe — Zuchthaus von zwei bis zu fünf Jahren und Geldstrafe von eintausend bis zu zehntausend Cruzeiros.

(Verzögerung, Unterlassung usw. einer Amtshandlung)

Art. 319. Ein Beamter, der unberechtigt eine Amtshandlung verzögert, unterläßt oder dem Gesetz zuwider vornimmt, um ein Interesse oder persönliche Gefühle zu befriedigen:

Strafe — Gefängnis von drei Monaten bis zu einem Jahr und Geldstrafe von fünfhundert bis zu zweitausend Cruzeiros.

(Strafbare Nachsicht)

Art. 320. Ein Beamter, der es aus Nachsicht unterläßt, einen Untergebenen, der bei der Ausübung seines Amtes eine Pflichtverletzung begangen hat, zur Verantwortung zu ziehen, oder, sofern er hierfür nicht zuständig ist, die Angelegenheit der zuständigen Behörde nicht zur Kenntnis bringt:

Strafe — Gefängnis von zwei Wochen bis zu einem Monat oder Geldstrafe von zweihundert bis zu zweitausend Cruzeiros.

(Fürsprache seitens eines Beamten bei einer Behörde: [advocacia administrativa])

Art. 321. Ein Beamter, der sich unmittelbar oder mittelbar unter Benutzung seiner Beamteneigenschaft zum Fürsprecher eines privaten Interesses vor einer Behörde macht:

Strafe — Gefängnis von einem bis zu drei Monaten oder Geldstrafe von eintausend bis zu zehntausend Cruzeiros.

Einziger Paragraph. Handelt es sich um ein gesetzwidriges Interesse:

Strafe — Gefängnis von drei Monaten bis zu einem Jahre neben der Geldstrafe.

(Rechtswidrige Gewaltanwendung)

Art. 322. Ein Beamter, der bei Ausübung seines Amtes oder unter dem Vorwand, es auszuüben, rechtswidrig Gewalt anwendet:

Strafe — Gefängnis von sechs Monaten bis zu drei Jahren neben der durch die Gewaltanwendung verwirkten Strafe.

(Verlassen des Amtes)

Art. 323. Ein Beamter, der außerhalb der gesetzlich zugelassenen Fälle[13]) sein Amt verläßt:

Strafe — Gefängnis von zwei Wochen bis zu einem Monat oder Geldstrafe von zweihundert bis zu zweitausend Cruzeiros.

§ 1. Wenn aus der Handlung ein Nachteil für das Gemeinwesen entsteht:

Strafe — Gefängnis von drei Monaten bis zu einem Jahr und Geldstrafe von zweihundert bis zu zweitausend Cruzeiros.

§ 2. Wird die Tat an einem Ort begangen, der zum Grenzgebiet gehört:

Strafe — Gefängnis von einem bis zu drei Jahren und Geldstrafe von zweitausend bis zu zehntausend Cruzeiros.

(Ausübung eines Amtes vor Erfüllung der gesetzlichen Voraussetzungen oder nach Beendigung der amtlichen Funktionen)

Art. 324. Mit der Ausübung eines Amtes vor Erfüllung der gesetzlichen Voraussetzungen beginnen oder ohne Genehmigung die Ausübung der amt-

---

13) Anm. des Übersetzers: Vgl. hierzu Estatuto do funcionário público Decreto-lei Nr. 1.713 vom 28. 10. 1939, Art. 97.

lichen Funktionen fortsetzen, nachdem der Täter offiziell Kenntnis davon erlangt hat, daß er von seinem Amt entbunden, entlassen, durch einen anderen ersetzt oder suspendiert worden ist:

Strafe — Gefängnis von zwei Wochen bis zu einem Monat oder Geldstrafe von zweihundert bis zu zweitausend Cruzeiros.

(Verletzung des Amtsgeheimnisses)

Art. 325. Ein Beamter, der eine Tatsache, die kraft Amtes zu seiner Kenntnis gelangt und geheimzuhalten ist, offenbart oder ihre Offenbarung befördert:

Strafe — Gefängnis von sechs Monaten bis zu zwei Jahren oder Geldstrafe von zweitausend bis zu zwölftausend Cruzeiros, sofern die Tat nicht ein schwereres Verbrechen darstellt.

(Verletzung des Amtsgeheimnisses bei einer öffentlichen Ausschreibung)

Art. 326. Ein Beamter, der im Falle einer öffentlichen Ausschreibung das hinsichtlich der Angebote zu wahrende Amtsgeheimnis verletzt oder einem Dritten Gelegenheit gibt, es zu offenbaren:

Strafe — Gefängnis von drei Monaten bis zu einem Jahr und Geldstrafe von eintausend bis zu fünftausend Cruzeiros.

(Begriff des Beamten)

Art. 327. Beamter im Sinne der Strafgesetze ist, wer, wenn auch nur vorübergehend oder ohne Entgelt, ein öffentliches Amt, Dienst oder Funktion ausübt.

Einziger Paragraph. Dem Beamten steht gleich, wer ein Amt, einen Dienst oder eine Funktion einer Körperschaft des öffentlichen Rechts ausübt.

II. Kapitel

Verbrechen einer Privatperson gegen die Verwaltung im Allgemeinen

(Amtsanmaßung[14])

Art. 328. Die Ausübung einer amtlichen Funktion sich anmaßen:

Strafe — Gefängnis von drei Monaten bis zu zwei Jahren und Geldstrafe von fünfhundert bis zu zweitausend Cruzeiros.

Einziger Paragraph. Wenn der Täter aus der Handlung einen Vorteil erlangt:

Strafe — Zuchthaus von zwei bis zu fünf Jahren und Geldstrafe von eintausend bis zu zehntausend Cruzeiros.

(Widerstand gegen die Staatsgewalt)

Art. 329. Sich der Durchführung einer rechtmäßigen Amtshandlung vermittels Gewalt oder Drohung gegenüber einem für ihre Durchführung zuständigen Beamten oder einer ihm hilfeleistenden Person widersetzen:

Strafe — Gefängnis von zwei Monaten bis zu zwei Jahren.

---

14) Anm. des Übersetzers: Vgl. hierzu ergänzend das Gesetz betr. die strafrechtlichen Übertretungen (Lei das Contravenções Penais) Decreto-lei Nr. 3.688 vom 2. 10. 1941 Art. 45 (Vortäuschen der Beamteneigenschaft). Sich fälschlich als Beamten ausgeben: Strafe — Einfache Haft von einem bis zu drei Monaten oder Geldstrafe von fünfhundert bis zu dreitausend Cruzeiros und Art. 46 (Rechtswidriger Gebrauch einer Uniform oder eines Kennzeichens). Öffentlich eine Uniform oder ein Kennzeichen einer öffentlichen Funktion benutzen, die der Täter nicht innehat: Strafe — Geldstrafe von zweihundert bis zu zweitausend Cruzeiros, wenn die Tat nicht eine schwerere strafbare Handlung darstellt.

§ 1. Wenn die Amtshandlung infolge des Widerstandes nicht zur Durchführung gelangt:

Strafe — Zuchthaus von einem bis zu drei Jahren.

§ 2. Auf die in diesem Artikel angedrohten Strafen ist unbeschadet der durch die Gewaltanwendung verwirkten Strafe zu erkennen.

(Ungehorsam)

Art. 330. Der rechtmäßigen Anordnung eines Beamten nicht Folge leisten:

Strafe — Gefängnis von zwei Wochen bis zu sechs Monaten und Geldstrafe von zweihundert bis zu zweitausend Cruzeiros.

(Beamtenbeleidigung)

Art. 331. Einen Beamten bei der Ausübung seiner Funktionen oder in Beziehung auf diese beleidigen:

Strafe — Gefängnis von sechs Monaten bis zu zwei Jahren oder Geldstrafe von fünfhundert bis zu fünfzehntausend Cruzeiros.

(Mißbrauch des Ansehens)

Art. 332. Für sich oder einen anderen einen Vorteil oder das Versprechen eines solchen unter dem Vorgeben, einen Beamten bei der Ausübung seiner Funktionen zu beeinflussen, erlangen:

Strafe — Zuchthaus von einem bis zu fünf Jahren und Geldstrafe von dreitausend bis zu zwanzigtausend Cruzeiros.

Einziger Paragraph. Die Strafe erhöht sich um ein Drittel, wenn der Täter erklärt oder andeutet, daß der Vorteil auch für den Beamten bestimmt sei.

(Aktive Bestechung)

Art. 333. Einem Beamten einen ihm nicht geschuldeten Vorteil anbieten oder versprechen, um ihn zu veranlassen, eine Amtshandlung vorzunehmen, zu unterlassen oder zu verzögern:

Strafe — Zuchthaus von einem bis zu acht Jahren und Geldstrafe von eintausend bis zu fünfzehntausend Cruzeiros.

Einziger Paragraph. Die Strafe erhöht sich um ein Drittel, wenn der Beamte infolge der Gewährung oder des Versprechens eines Vorteils die Amtshandlung verzögert, unterläßt oder unter Verletzung seiner Amtspflicht vornimmt.

(Verbotene Ein- und Ausfuhr und Abgabenhinterziehung)

Art. 334. Waren entgegen einem Verbot ein- oder ausführen oder die für Einfuhr, Ausfuhr oder Verbrauch der Waren geschuldeten Zölle oder Abgaben ganz oder teilweise hinterziehen:

Strafe — Zuchthaus von einem bis zu vier Jahren.

§ 1. Dieselbe Strafe verwirkt, wer ausübt:

a) die Küstenschiffahrt außerhalb der gesetzlich zugelassenen Fälle;

b) eine Handlung, die in einem Sondergesetz der verbotenen Ein- oder Ausfuhr oder der Abgabenhinterziehung gleichgestellt ist.

§ 2. Die Strafe erhöht sich auf das Doppelte, wenn das Verbrechen der verbotenen Ein- oder Ausfuhr oder der Abgabenhinterziehung beim Lufttransport begangen wird.

(Hinderung, Störung oder Täuschung beim Wettbewerb im Falle einer öffentlichen Ausschreibung oder Versteigerung)

Art. 335. Eine öffentliche Ausschreibung oder öffentliche Versteigerung, die von einer Behörde des Bundes, eines Einzelstaats, einer Gemeinde oder öffentlichen Körperschaft vorgenommen wird, verhindern, stören oder in bezug auf sie eine Täuschung verüben; einen Bewerber oder Bieter durch Gewalt, schwere Bedrohung, Täuschung oder Anbieten von Vorteilen von der Ausschreibung oder öffentlichen Versteigerung abhalten oder abzuhalten suchen:

Strafe — Gefängnis von sechs Monaten bis zu zwei Jahren oder Geldstrafe von eintausend bis zu zehntausend Cruzeiros neben der durch die Gewaltanwendung verwirkten Strafe.

Einziger Paragraph. Dieselbe Strafe verwirkt, wer sich auf Grund eines ihm gebotenen Vorteils der Bewerbung oder des Bietens enthält.

(Unbrauchbarmachung einer amtlichen Bekanntmachung oder eines amtlich angebrachten Zeichens)

Art. 336. Eine auf Anordnung eines Beamten angeschlagene amtliche Bekanntmachung zerreißen, in sonstiger Weise unbrauchbar machen oder beschmutzen; ein Siegel oder Zeichen, das auf Grund gesetzlicher Bestimmung oder Anordnung eines Beamten zur Identifizierung oder zum Verschluß von Gegenständen angebracht ist, verletzen oder unbrauchbar machen:

Strafe — Gefängnis von einem Monat bis zu einem Jahr oder Geldstrafe von fünfhundert bis zu fünftausend Cruzeiros.

(Wegnehmen oder Unbrauchbarmachen amtlicher Bücher oder Urkunden)

Art. 337. Amtliche Bücher, Akten oder Urkunden, die der Obhut eines Beamten auf Grund seines Amtes oder derjenigen einer Privatperson im öffentlichen Dienste anvertraut sind, wegnehmen oder ganz oder teilweise unbrauchbar machen:

Strafe — Zuchthaus von zwei bis zu fünf Jahren, sofern die Handlung nicht ein schwereres Verbrechen darstellt.

III. Kapitel

Verbrechen gegen die Rechtspflege

(Rückkehr eines ausgewiesenen Ausländers)

Art. 338. Als Ausländer nach Ausweisung[15]) in das Inland zurückkehren:

Strafe — Zuchthaus von einem bis zu vier Jahren unbeschadet einer erneuten Ausweisung nach Verbüßung der Strafe.

(Falsche Anschuldigung)

Art. 339. In Kenntnis der Unschuld eines anderen diesen eines Verbrechens beschuldigen und dadurch die Einleitung einer polizeilichen Untersuchung oder eines gerichtlichen Verfahrens gegen ihn herbeizuführen:

---

15) Anm. des Übersetzers: Die Ausweisung von Ausländern ist im Decreto-lei Nr. 479 vom 11. 6. 1938 und im Decreto-lei Nr. 554 vom 12. 7. 1938 geregelt.

Strafe — Zuchthaus von zwei bis zu acht Jahren und Geldstrafe von eintausend bis zu zehntausend Cruzeiros.

§ 1. Die Strafe erhöht sich um den sechsten Teil, wenn der Täter die Tat anonym oder unter einem angenommenen Namen begeht.

§ 2. Die Strafe mildert sich um die Hälfte, wenn der Täter einen anderen der Begehung einer Übertretung beschuldigt.

(Vortäuschung eines Verbrechens oder einer Übertretung)

Art. 340. Einer Behörde die Begehung eines Verbrechens oder einer Übertretung in Kenntnis davon, daß die Straftat nicht begangen ist, anzeigen und dadurch das Einschreiten der Behörde herbeiführen:

Strafe — Gefängnis von einem bis zu sechs Monaten oder Geldstrafe von fünfhundert bis zu zweitausend Cruzeiros.

(Falsche Selbstanschuldigung)

Art. 341. Sich vor einer Behörde eines Verbrechens beschuldigen, das entweder nicht oder von einem anderen begangen worden ist:

Strafe — Gefängnis von drei Monaten bis zu zwei Jahren oder Geldstrafe von eintausend bis zu fünftausend Cruzeiros.

(Falsches Zeugnis oder Gutachten)

Art. 342. Als Zeuge, Sachverständiger, Übersetzer oder Dolmetscher in einem gerichtlichen, polizeilichen, Verwaltungs- oder schiedsgerichtlichen Verfahren unwahre Bekundungen machen, die Wahrheit leugnen oder verschweigen:

Strafe — Zuchthaus von einem bis zu drei Jahren und Geldstrafe von eintausend bis zu dreitausend Cruzeiros.

§ 1. Ist das Verbrechen zur Erlangung eines Beweises, der Wirkungen in einem Strafverfahren auszuüben bestimmt ist, begangen:

Strafe — Zuchthaus von zwei bis zu sechs Jahren und Geldstrafe von zweitausend bis zu sechstausend Cruzeiros.

§ 2. Die Strafen erhöhen sich um ein Drittel, wenn das Verbrechen auf Grund einer Bestechung begangen ist.

§ 3. Die Tat bleibt straflos, wenn der Täter vor Urteilserlaß einen Widerruf vornimmt oder die Wahrheit sagt.

Art. 343. Einem Zeugen, Sachverständigen, Übersetzer oder Dolmetscher Geld oder einen anderen Vorteil gewähren, anbieten oder versprechen, damit er in seiner Aussage, seinem Gutachten, seiner Übersetzung oder Dolmetschertätigkeit unwahre Angaben macht, die Wahrheit leugnet oder verschweigt, auch wenn das Angebot oder Versprechen nicht angenommen worden ist:

Strafe — Zuchthaus von einem bis zu drei Jahren und Geldstrafe von eintausend bis zu dreitausend Cruzeiros.

Einziger Paragraph. Ist das Verbrechen zur Erlangung eines Beweises, der in einem Strafverfahren Wirkung auszuüben bestimmt ist, begangen worden, ist auf die Strafen in doppelter Höhe zu erkennen.

(Anwendung von Zwang im Verlaufe eines Verfahrens)

Art. 344. In der Absicht, ein eigenes oder fremdes Interesse zu begünstigen, Gewalt oder schwere Bedrohung gegen eine Behörde, eine Partei oder eine andere Person, die in einem gerichtlichen, polizeilichen, verwaltungs- oder schiedsgerichtlichen Verfahren mitwirkt oder mitzuwirken berufen ist, anwenden:

Strafe — Zuchthaus von einem bis zu vier Jahren und Geldstrafe von eintausend bis zu fünftausend Cruzeiros neben der durch die Gewaltanwendung verwirkten Strafe.

(Unerlaubte Selbsthilfe)

Art. 345. Selbsthilfe üben, um einen, wenn auch rechtmäßigen, Anspruch zu befriedigen, es sei denn, daß das Gesetz sie zuläßt:

Strafe — Gefängnis von zwei Wochen bis zu einem Monat oder Geldstrafe von zweihundert bis zu fünftausend Cruzeiros neben der durch die Gewaltanwendung verwirkten Strafe.

Einziger Paragraph. Hat keine Gewaltanwendung stattgefunden, so findet die Verfolgung im Wege der Privatklage statt.

Art. 346. Eine eigene Sache, die sich auf Grund gerichtlicher Entscheidung oder Vereinbarung in Gewahrsam eines Dritten befindet, wegnehmen, verbergen, zerstören oder beschädigen:

Strafe — Gefängnis von sechs Monaten bis zu zwei Jahren und Geldstrafe von eintausend bis zu fünftausend Cruzeiros.

(Prozeßbetrug)

Art. 347. Während des Schwebens eines Zivilprozesses oder Verwaltungsverfahrens arglistig den Zustand eines Ortes, einer Sache oder einer Person ändern, um bei dem Richter oder Sachverständigen einen Irrtum zu erregen:

Strafe — Gefängnis von drei Monaten bis zu zwei Jahren und Geldstrafe von eintausend bis zu zehntausend Cruzeiros.

Einziger Paragraph. Ist die Änderung dazu bestimmt, Wirkungen in einem, wenn auch noch nicht anhängigen, Strafverfahren auszuüben, so werden die Strafen in doppelter Höhe verhängt.

(Persönliche Begünstigung)

Art. 348. Dem Urheber eines mit Zuchthausstrafe bedrohten Verbrechens dazu Beistand leisten, sich dem behördlichen Vorgehen zu entziehen:

Strafe — Gefängnis von einem bis zu sechs Monaten und Geldstrafe von zweihundert bis zu eintausend Cruzeiros.

§ 1. Wenn das Verbrechen nicht mit Zuchthausstrafe bedroht ist:

Strafe — Gefängnis von zwei Wochen bis zu drei Monaten und Geldstrafe von einhundert bis zu eintausend Cruzeiros.

§ 2. Wird der Beistand von einem Verwandten auf- oder absteigender Linie, dem Ehegatten, dem Bruder oder der Schwester des Täters geleistet, so bleibt er straffrei.

(Sachliche Begünstigung)

Art. 349. Den Täter eines Verbrechens außerhalb der Fälle des Zusammenwirkens oder der Hehlerei einen Beistand leisten, der dazu bestimmt ist, ihm die Vorteile des Verbrechens zu sichern:

Strafe — Gefängnis von einem bis zu sechs Monaten und Geldstrafe von zweihundert bis zu zweitausend Cruzeiros.

(Unzulässige Vollstreckung unter Mißbrauch der Amtsgewalt)

Art. 350. Ohne Vorliegen der gesetzlichen Voraussetzungen oder unter Mißbrauch der Amtsgewalt eine mit Freiheitsentziehung verbundene Maßnahme anordnen oder vollstrecken:

Strafe — Gefängnis von einem Monat bis zu einem Jahr.

Einziger Paragraph. Dieselbe Strafe verwirkt ein Beamter, der:

I. gesetzwidrig einen anderen in einer für die Vollziehung der Untersuchungs- oder Präventivhaft oder für die Vollstreckung einer Freiheitsstrafe oder Maßregel der Sicherung bestimmten Anstalt aufnimmt und beläßt;

II. die Vollstreckung einer Strafe oder Maßregel der Sicherung verlängert, indem er es unterläßt, rechtzeitig die Anordnung der Entlassung zu geben oder unmittelbar auszuführen;

III. eine Person, die unter seiner Obhut oder Bewachung steht, einer Mißhandlung oder gesetzlich nicht zugelassenen Beschränkung unterwirft;

IV. unter Mißbrauch der Amtsgewalt Untersuchungs- oder Vollstreckungshandlungen irgendwelcher Art vornimmt.

(Beförderung der Flucht eines Gefangenen oder einer dem Vollzug einer Sicherungsmaßregel unterworfenen Person)

Art. 351. Die Flucht einer rechtmäßig gefangen gehaltenen oder einer mit Freiheitsentziehung verbundenen Maßregel der Sicherung unterworfenen Person bewirken oder erleichtern:

Strafe — Gefängnis von sechs Monaten bis zu zwei Jahren.

§ 1. Ist das Verbrechen von einer bewaffneten Person oder von mehr als einer Person oder mittels Erbrechens von Räumen begangen worden, so ist auf Zuchthaus von zwei bis zu sechs Jahren zu erkennen.

§ 2. Wird Gewalt gegen eine Person angewandt, so ist außerdem auf die durch die Gewaltanwendung verwirkten Strafen zu erkennen.

§ 3. Die Strafe ist Zuchthaus von einem bis zu vier Jahren, wenn das Verbrechen von einer Person begangen wird, unter deren Obhut oder Aufsicht der Gefangene oder Internierte steht.

§ 4. Ist die Handlung von einem mit der Obhut oder Aufsicht betrauten Beamten fahrlässig begangen worden, so ist auf Gefängnis von drei Monaten bis zu einem Jahr oder Geldstrafe von eintausend bis zu fünftausend Cruzeiros zu erkennen.

(Entweichen unter Anwendung von Gewalt gegen eine Person)

Art. 352. Als Gefangener oder als zur Vollziehung einer mit Freiheitsentziehung verbundenen Maßregel der Sicherung Untergebrachter unter Anwendung von Gewalt gegen eine Person entweichen oder zu entweichen versuchen:

Strafe — Gefängnis von drei Monaten bis zu einem Jahr neben der durch die Gewaltanwendung verwirkten Strafe.

(Entreißen eines Gefangenen)

Art. 353. Einen Gefangenen der Gewalt dessen, der ihn unter seiner Aufsicht oder Obhut hat, entreißen, um ihn zu mißhandeln:

Strafe — Zuchthaus von einem bis zu vier Jahren neben der durch die Gewaltanwendung verwirkten Strafe.

(Gefangenenmeuterei)

Art. 354. Als Gefangene meutern und die Ordnung und Disziplin der Gefangenenanstalt stören:

Strafe — Gefängnis von sechs Monaten bis zu zwei Jahren neben der durch die Gewaltanwendung verwirkten Strafe.

(Untreue des Rechtsbeistandes)

Art. 355. Als Anwalt oder sonstiger Rechtsbeistand die ihm beruflich obliegenden Pflichten verletzen und dadurch das Interesse, dessen Schutz vor Gericht ihm anvertraut ist, schädigen:

Strafe — Gefängnis von sechs Monaten bis zu drei Jahren und Geldstrafe von zweitausend bis zu fünfzehntausend Cruzeiros.

(Parteiverrat)

Einziger Paragraph. Die in diesem Artikel angedrohten Strafen verwirkt der Anwalt oder sonstige Rechtsbeistand, der in derselben Sache gleichzeitig oder nacheinander beiden Streitteilen dient.

(Vorenthalten von Urkunden oder beweiserheblichen Gegenständen)

Art. 356. Als Anwalt oder sonstiger Rechtsbeistand die in dieser Eigenschaft empfangenen Akten, Urkunden oder beweiserheblichen Gegenstände ganz oder teilweise unbrauchbar machen oder nicht zurückgeben:

Strafe — Gefängnis von sechs Monaten bis zu drei Jahren und Geldstrafe von zweitausend bis zu zehntausend Cruzeiros.

(Ausnutzung des Ansehens)

Art. 357. Geld oder andere Vorteile unter dem Vorgeben, einen Richter, Geschworenen, ein Organ der Staatsanwaltschaft, einen Justizbeamten, Sachverständigen, Übersetzer, Dolmetscher oder Zeugen zu beeinflussen, fordern oder annehmen:

Strafe — Zuchthaus von einem bis zu fünf Jahren und Geldstrafe von fünftausend bis zu zwanzigtausend Cruzeiros.

Einziger Paragraph. Die Strafen erhöhen sich um ein Drittel, wenn der Täter erklärt oder andeutet, daß das Geld oder der Vorteil auch für eine der in diesem Artikel bezeichneten Personen bestimmt ist.

(Gewalt oder Täuschung bei einer gerichtlichen Versteigerung)

Art. 358. Eine gerichtliche Versteigerung verhindern, stören oder eine Täuschung bei ihr verüben; einen Bewerber oder Bieter durch Gewalt, schwere Bedrohung, Täuschung oder Anbieten eines Vorteils von der Bewerbung oder dem Gebot abhalten oder abzuhalten suchen:

Strafe — Zuchthaus von zwei Monaten bis zu einem Jahr oder Geldstrafe von fünfhundert bis zu fünftausend Cruzeiros neben der durch die Gewaltanwendung verwirkten Strafe.

(Ungehorsam gegenüber einer gerichtlichen, den Verlust oder die Suspendierung von Rechten aussprechenden Entscheidung)

Art. 359. Eine Funktion, eine Tätigkeit, ein Recht, eine Gewalt oder ein Amt nach Suspendierung oder Ausschluß durch gerichtliche Entscheidung ausüben:

Strafe — Gefängnis von drei Monaten bis zu zwei Jahren oder Geldstrafe von eintausend bis zu zehntausend Cruzeiros.

Schlußbestimmungen

Art. 360. Unbeschadet der Sondergesetzgebung betr. die Verbrechen gegen den Bestand, die Sicherheit und Unversehrtheit des Staates, gegen den Schutz und die Leitung der Volkswirtschaft, betr. die Preßverbrechen, Konkursverbrechen, die Verbrechen, die sich auf die Verantwortlichkeit des Präsidenten der Republik, der Gouverneure und Interventoren beziehen, und die militärischen Verbrechen werden die entgegenstehenden gesetzlichen Bestimmungen aufgehoben.

Art. 361. Dieses Gesetzbuch tritt am 1. Januar 1942 in Kraft.

Rio de Janeiro, den 7. Dezember 1940, im 119. Jahre der Unabhängigkeit und im 52. Jahre der Republik.

Getulio Vargas
Francisco Campos

Kolibri 360 GmbH
Ferdinand-Jühlke-Straße 7
99095 Erfurt, Deutschland
produktsicherheit@kolibri360.de